公式テキスト

令和のマナー検定

Odyssey communications

◉はじめに

本書は、社会人生活をスタートさせる方々に身に付けてほしいビジネスマナーをまとめたテキストブックです。

社会の激しい変化と歩調を合わせて、ビジネスマナーも大きな変化のときを迎えています。グローバル化が進み、多様性の尊重が欠かせない世の中になりました。社会が成熟すると共に価値観は多様化し、わかりやすいひとつの答えを見出しづらい社会が生まれています。かつてよりずっと先行きが見えない世の中にもなっています。

こうしたなかで、これまでの「ビジネスにふさわしい身だしなみ」や「コミュニケーションのルール」をはじめ、あらゆる「所作」が陳腐化、形骸化し始めています。時代にふさわしいビジネスマナーへと刷新する必要があるのです。

一方で、マナーとは、そもそも社会や組織のなかで、秩序を乱さないために身に付けるべき行儀や所作のことを指します。

ビジネスシーンにおいて、その場その場でふさわしい立ち居ふるまいや、相手をおもんぱかった言動をすれば「この人はしっかりしている」「安心して仕事をまかせられそうだ」と判断されます。いわばマナーは、周囲の人たちと良質な人間関係を築き、ものごとを進めやすくするための潤滑油なのです。

たしかに社会は大きく変わりましたが、人の心理や人間関係の原理原則は、いつの時代も変わりません。この本質をつかみ、実践することこそが、いつの時代も変わらずに、身に付けておきたい社会人のたしなみではないでしょうか。

こうした考えに基づいて、本書はあいさつや敬語、身だしなみ、名刺交換といったベーシックなビジネスマナーから、仕事の進め方やスケジュール管理といった仕事術まで、幅広く紹介しています。
一方、新しい時代に求められる多様性や柔軟性を加えたテキストになっているため、まだビジネスマナーとしての正解が確立していないものも含めていますので、歯切れよく言い切っていないことも多々あります。

むしろ、本書を起点に、それぞれの企業、チーム内で「自分たちは柔軟性を重視し、あえてこのマナーについてはルール化しない」「我々はむしろ、ここまでマナーを徹底させたい」など、自分たちの仕事や会社のカラーに合ったマナーを再構築するためのディスカッションの題材にしていただけたら幸いです。

もちろん、マナーとされていることが時代に合わなくなっているのは、すべてのビジネスパーソンに共通していることです。中堅ビジネスパーソンや、あるいはシニア層の方々にも本書を手に取っていただき、ご自身がお持ちのビジネスマナーをアップデートしていただきたいと、そのような思いを込めて、企画・編集いたしました。

それでは、新しい時代にふさわしい社会人の第一歩を踏み出すための基本装備を、本書で身に付けていきましょう。

目次

3章 ビジネスパーソンの必須項目、スタンダード仕事術

4章 大人として外せない、プラスアルファの知識とマナー

本書について

本書は、「令和のマナー検定」の出題範囲を網羅した、株式会社オデッセイ コミュニケーションズが発行する公式テキストです。

ビジネスシーンを主として、令和の時代にふさわしいマナーをまとめました。流行や時代の影響を受けない伝統的なマナーと、時代にあったマナーをバランスよく学べる内容になっています。初めて学ぶ方にはイメージしづらい所作も、図解やイラストつきでわかりやすく解説しています。シーンごとに構成してありますので、デスクのかたわらに置いて、ちょっと迷ったときにいつでも参照していただけます。

対象読者

本書は次のような方を対象としています。

- 社会人生活をスタートさせる方、スタートさせて間もない方など、社会人としての基本的なマナーを学びたい方
- 従来からの伝統的なマナーは身につけているものの、近年取り入れられるようになった新しいマナーを学びたい方
- 「令和のマナー検定」の合格を目指す方

模擬問題について

本書には、模擬問題が付属しています。

お手持ちのパソコン、タブレット、スマートフォンを使用して、インターネットを経由して学習できます。次の手順でご利用の手続きを行ってください。

1. アオテンスキルチェックへのログイン（ユーザー登録）

「令和のマナー検定」の模擬問題をご利用になるには、オデッセイコミュニケーションズが提供しているアオテンスキルチェックへのユーザー登録が必要です。

〈スキルチェックログイン〉

https://skillcheck.aoten.jp/personal/user/sign_in

- すでにユーザー ID をお持ちの方は、上記の URL よりログインして、「3．コースの登録」にお進みください。
- ユーザー ID をお持ちでない方は、ログイン画面下の［新規ユーザー登録］ボタンをクリックして、「2．新規ユーザー登録」の手順でユーザー登録をしてください。

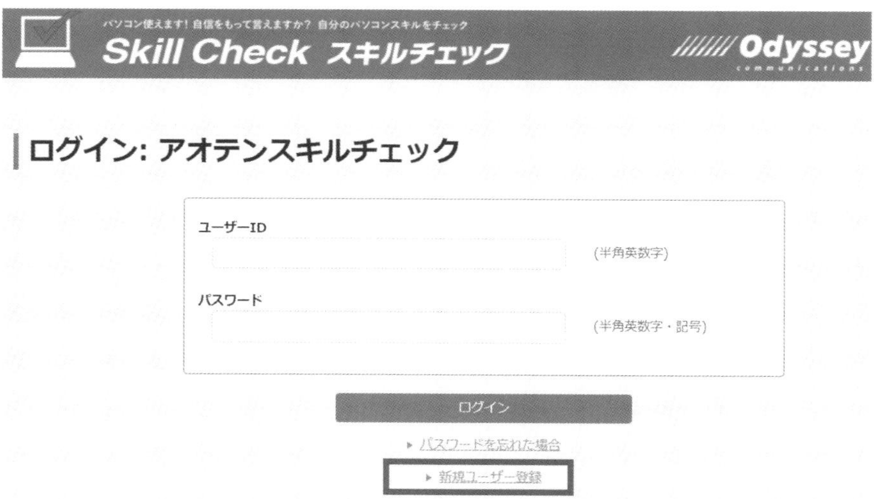

2. 新規ユーザー登録

Eメールアドレスを入力後、[登録] ボタンをクリックしてユーザー登録を行ってください。

アオテンスキルチェック ユーザー登録[無料]
ご利用のメールアドレスを記入し、「個人情報の利用目的」を確認後、登録ボタンをクリックして登録処理画面にお進みください。
Eメールアドレス 必須
(半角英数字)
Eメールアドレス（確認） 必須
(半角英数字)
個人情報の利用目的
株式会社 オデッセイ コミュニケーションズ
個人情報保護管理者
ご入力いただいた個人情報は、お客様が申込まれたスキルチェックの実施運営のみに利用します。
収集した個人情報を弊社及び委託先以外に提供することはありません。
なお、ご希望の方には、弊社からの各種ご案内をお送りいたします。
また、スキルチェックの解答内容は個人を特定できない形で集計・加工して、弊社のマーケティング資料として利用します。
個人情報に関する基本方針やお問合せ窓口は、弊社のプライバシーポリシーをご覧ください。
当フォームから送信された場合は、上記利用目的に同意されたものとみなします。
同意いただけない場合には、お申込みができません。
登録
前の画面に戻る

ユーザー登録完了後、スキルチェックシステムにログインしてください。

※パスワードは、あとから変更可能です。

※パスワードがわからなくなったら、ログイン画面の［パスワードを忘れた場合］をクリックしてください。ご登録のEメールアドレスを入力すると、パスワードを再設定できます。

3. コースの登録

スキルチェックシステムにログイン後、コースの一覧が表示されたら、左側のメニューから［シリアルコードを入力］をクリックして、下記のシリアルコードを入力してください。

〈シリアルコード〉

RM-FK8rT5

※英数字、ハイフンはすべて半角で入力してください。

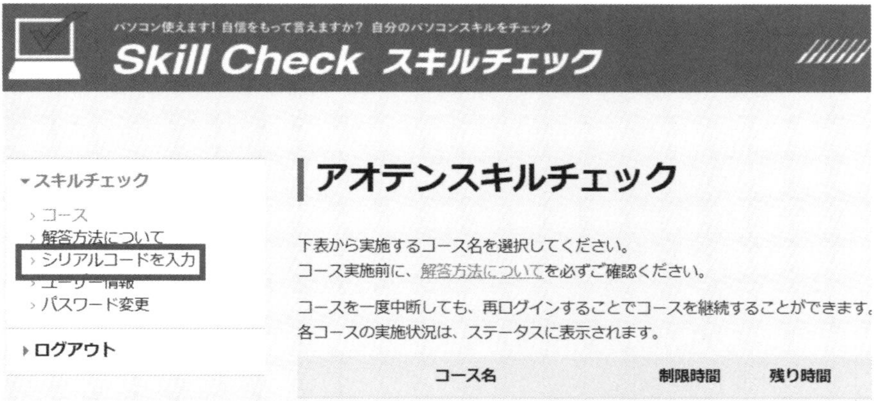

4. コースの登録確認

シリアルコードを入力すると、コースの一覧にコースが追加されます。一覧から下記をクリックしてご利用ください。

〈コース〉

「令和のマナー検定　模擬問題（公式テキスト付属）」

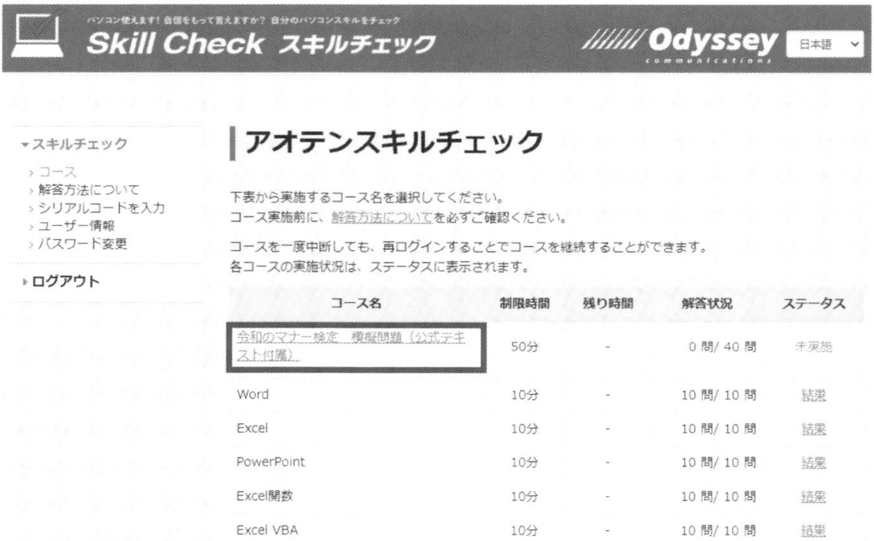

学習のポイント　～“解説”を読みましょう～

模擬問題の結果には、各章ごとの正解率、グラフが表示されます。また、すべての解答（設問）には、「解説」を記載しています。よく読んで理解を深めましょう。

令和のマナー検定　試験概要

■令和のマナー検定とは

「令和のマナー検定」は、令和の時代にふさわしいマナーについての資格試験です。

多様性や社会の変化にあわせて変わっていくマナー、流行や時代の影響を受けない伝統的なマナーをバランスよく学べる試験です。

■出題範囲

令和のマナー検定の出題範囲は次のとおりです。

No	大分類	小分類
1	1日の流れから見る、 ベーシック・ビジネスマナー	(1)　あいさつ (2)　自己紹介 (3)　来客 (4)　訪問 (5)　名刺交換 (6)　会話 (7)　休憩時間 (8)　会議・ミーティング (9)　リモートワーク (10)　退社
2	当たり前に身に付けたい、 ビジネスパーソンの基本所作	(11)　身だしなみ (12)　敬語 (13)　電話 (14)　メール・チャット (15)　ビジネス文書 (16)　席次
3	ビジネスパーソンの必須項目、 スタンダード仕事術	(17)　スケジュール管理 (18)　仕事の進め方 (19)　整理整頓 (20)　アクシデント (21)　クレーム対応

No	大分類	小分類
4	大人として外せない、 プラスアルファの知識とマナー	（22） 組織 （23） ハラスメント （24） 会食・接待 （25） SNS （26） 冠婚葬祭（慶事） （27） 冠婚葬祭（弔事）

■試験の形態と受験料

試験会場のコンピューター上で解答する、CBT（Computer Based Testing）方式で行われます。

出題数	40 問前後
問題形式	選択問題（選択肢形式、ドロップダウンリスト形式） 穴埋め記述問題
試験時間	50 分
合格基準	650 ～ 800 点（1000 点満点）以上の正解率 ※ 問題の難易度により変動
受験料	〈一般〉3,500 円（税込） 〈割引〉2,500 円（税込） ※割引受験制度を利用した場合
合格認定	合格した方には、受験から２～４週間後にオープンバッジを発行します。

その他、令和のマナー検定に関する最新情報は、公式サイトを参照してください。

URL：https://reiwamanner.odyssey-com.co.jp/

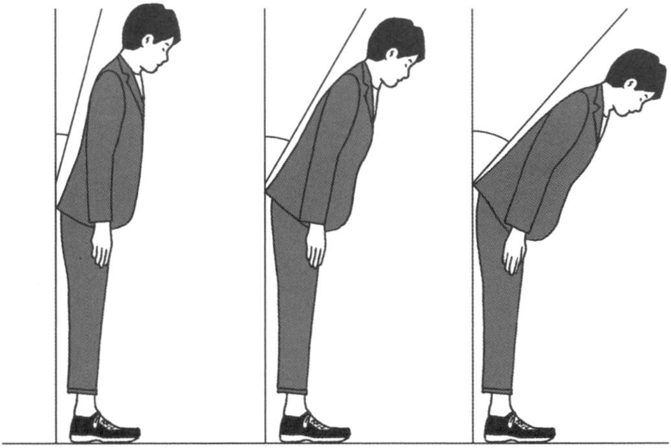

1章　1日の流れから見る、ベーシック・ビジネスマナー

マナー 01　あいさつ

マナー 02　自己紹介

マナー 03　来客

マナー 04　訪問

マナー 05　名刺交換

マナー 06　会話

マナー 07　休憩時間

マナー 08　会議・ミーティング

マナー 09　リモートワーク

マナー 10　退社

マナー
01 あいさつ

●意外と知らないあいさつの基本

社会人になったら、あらためてマスターしておきたいビジネスマナーがあいさつです。誰でも当たり前にできると思いがちですが、意外とその基本は知られていません。なぜ、あいさつが必要なのか、本質の部分も頭に入れておきましょう。

①コミュニケーションの潤滑油

日常でも当たり前にやり取りするあいさつ。ビジネスにおいてはなお、重要性が増します。あいさつにはコミュニケーションを円滑にする機能があるからです。「おはようございます」「こんにちは」など、短い言葉で相手と親しくなりたい、あるいは、相手のことを大切に思っている、などの気持ちを伝えることができます。互いの存在を認め合う力があるのです。

②あいさつが強い組織をつくる

あいさつは強い組織をつくるためにも欠かせません。

強い組織とは、メンバー全員が目指す目標やビジョンに共感し、一丸となって協力し合えるような集団です。そのためにはメンバー同士が情報を共有し、互いに助け合う意識が根付いている必要があります。先に述べたとおり、人と人との距離を縮めるのが、あいさつの力です。あいさつが活発な組織では、知り合いや顔見知りが増え、コミュニケーションが活発になります。情報の共有や、相手をおもんぱかる風土が自然と育まれるのです。

③同僚を見かけたら、まずは、あいさつ

朝、出社して同僚を見かけたら、自分から明るく大きな声で「おはようございます！」とあいさつをしましょう。廊下などで上司や先輩と会ったときは、歩きながらではなく、立ち止まって、あいさつをしましょう。

帰りのあいさつは「お先に失礼いたします」。他の人が自分より先に帰るときには「おつかれさまでした」とねぎらいのあいさつをします。似たあいさつに「ごくろうさまでした」がありますが、これは目上の人が目下の人に対して使う言葉です。使わないようにしましょう。

④お辞儀は3種類ある

あいさつは言葉だけではありません。動作で表現するお辞儀もあります。お辞儀には「会釈」「敬礼」「最敬礼」の３種類があります。

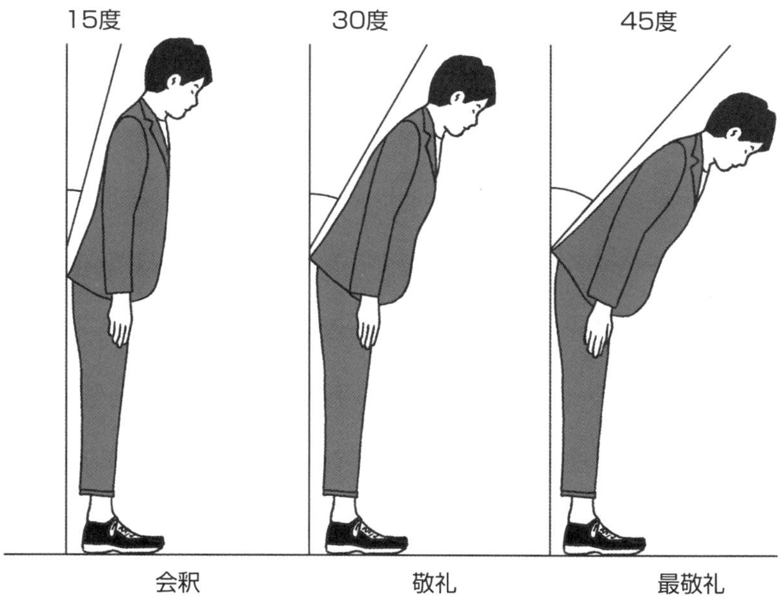

会釈は社内で上司やお客さまとすれ違ったときや、応接間などに出入りするときのお辞儀で、腰を曲げる角度は15度程度です。

敬礼は30度のお辞儀で、お客さまの送り迎え、面接でのあいさつなど少しフォーマルな場で行います。

最敬礼は、謝罪するときや感謝の意を伝えるときなどに行う、45度のお辞儀で、最も丁寧です。またこのとき、「語先後礼(ごせんごれい、言葉を発してからお辞儀をする)」を意識しましょう。

Manners Column

「こんにちは」と「こんにちわ」

「こんにちは」と「こんにちわ」。正しいのは「こんにちは」ですが、なぜ「は」なのか不思議に思った人は少なくないでしょう。実は「こんにちは」は「今日は、ご機嫌いかがですか」を省略した言葉です。「今日は」だから「こんにちは」なのです。同様に「こんばんは」は「今晩は良い夜ですね」「今晩は冷えますね」などを略したものだと言われています。一方、「おはよう」は「お早いお着きで」「早くからおつかれさま」などを意味しています。

マナー 02 自己紹介

●「型」をつくっておくと安心

就職とは新しい人と出会い、新しい世界の一員に加わることでもあります。気持ちの良いつきあいの第一歩として、好印象を与える自己紹介をしたいものです。また転職や異動などのキャリアの途中でも、自己紹介の機会は何度もあるので、自己紹介の型をつくっておくと安心です。

①自己紹介の目的は人となりを知ってもらうこと

「何を話していいのかわからない」「おもしろいことを言う自信がない」など、自己紹介に対して苦手意識を持っている人は少なくありません。

しかし、自己紹介の目的は、おもしろいことを話してインパクトを与えることではありません。新しい職場の方たちに、人となりを知っていただくために自己紹介をするのです。緊張してしまったら、名前と顔さえ覚えてもらえれば十分、くらいの気持ちで臨みましょう。

②基本の“型”を覚えよう

自己紹介には基本的なパターンがあります。覚えておくと、緊張していても必要な内容を漏れなく伝えられます。まずは流れを覚えておきましょう。

【1】最初のあいさつ

「おはようございます」「おつかれさまです」「こんにちは」など。「おはよう」ではなく、「おはようございます」といった丁寧な言葉遣いを心がけましょう。

【2】プロフィール

自分の名前、出身地、経歴、趣味など。趣味や出身地の話をすれば共通の話題が生まれやすくなります。

【3】これからの意気込みと最後のあいさつ

これからの意気込みをしっかり語り、最後に「よろしくお願いいたします」とあいさつで締めくくります。

③ポジティブな言葉を心がける

自己紹介のときに心がけたいのは、ポジティブな言葉遣いです。仕事などに対する意気込みをしっかり語り、やる気であふれていることを示しましょう。「ご迷惑をかける」「失敗する」などネガティブな言葉は避けましょう。使用する場合は、「ご迷惑をおかけするかもしれませんが、一生懸命頑張ります。よろしくお願いいたします」のようにポジティブな言葉で締めくくりましょう。

④時間を守る

出社時間や退社時間、納期、会議時間、面談時間など、ビジネスでは何をするにも時間厳守が基本です。自己紹介も「３分間で」と言われたら３分で、「１分間で」と言われたら１分で済ませます。

新入社員の場合は所属部署、関連部署、取引先などへのあいさつで、自己紹介をする機会が多いので、自己紹介の「１分バージョン」「３分バージョン」などを、あらかじめ用意しておきましょう。

マナー03

来客

●誰かのお客さまではなく、会社のお客さま

会社のイメージは「最初に接した社員によって決まる」と言われています。仮にあなたが最初にお客さまに接したら、お客さまは、あなたを会社を代表する人物として見ています。より良い印象を持っていただくために、来客時の応対マナーを覚えておきましょう。

①お客さまのお迎えの基本とは

新人が頼まれやすい仕事のひとつがお客さまのお迎えです。

まずは「◯◯さま（お客さまのお名前）、お待たせいたしました」と声をかけましょう。続けて「本日は御足労いただき、誠にありがとうございます」など、来社していただいたことへの感謝の言葉を述べます。

②お迎えの準備は10分前から

お客さまのお迎えを頼まれたら、約束の約10分前には、いつでも出られるように準備しておきます。約束の時間にお迎えに行こうとすると、直前に上司や先輩から呼ばれたり、仕事を頼まれたり、電話を受けたりしたときに、迎えに出るのが遅れ、結果としてお客さまをお待たせすることになるからです。

オフィスから受付まで遠い場合は、10分くらい前から受付付近でお客さまを待つ方法もあります。あらかじめ受付には、お客さまがお見えになったら教えてもらえるよう、伝えておきます。お客さまが到着したら、歓迎の意をこめて「お待ちしておりました」と声をかけましょう。

③お客さまを誘導するときのマナーとは

応接室や会議室は、どの部屋に案内するのか、あらかじめ確認しておきましょう。お客さまをご案内するときには、お客さまの少し前を歩きます。部屋の前に着いたら、扉の札が「空室」の札になっていてもノックをします。ちょっとした打ち合わせなどに使っていることがあるかもしれないからです。

誰もいないことを確認したら扉を開けます。外側に開く扉の場合は、ドアを大きく開けて押さえ、お客さまに先に入っていただきます。

内開きの扉の場合は、「お先に失礼いたします」とお客さまに伝えてから、あなたが先に部屋の中に入り、ドアを押さえて、お客さまをお通しします。退室時は扉の内開き、外開きが逆になりますので、同様な手順で行います。

引き戸の場合は、あなたが開けた戸を押さえて、お客さまに先に入っていただきます。

④お茶出しはタイミングと出す順序を意識する

お客さまを部屋にご案内したら「こちらにおかけになってお待ちください」と会議室や応接室の上座（※）を勧めます。担当者など全員が揃ってからお茶を出すのが正式です。担当者が遅れそうな場合は、全員分のお茶を先に出しておきます。お茶を出す順番はお客さまから。複数いらっしゃる場合は役職の高い順です。上座から順に、席次（座席の順序）に沿って出せば、間違えることはありません。

最近はペットボトルの水やお茶を出す会社が増えていますが、その場合も冷たいものは冷たく、温かいものは温かくといった飲み頃への配慮をしましょう。

※席次についてはマナー16を参照

⑤お客さまとすれ違ったらあいさつする

上司や先輩がお客さまをご案内しているところを見かけたら「いらっしゃいませ」と声をかけて、軽く会釈をしましょう。「上司のお客さまだから関係ない」「知らない人だから無視しておこう」などと考えるのは間違いです。お客さまは上司や先輩など個人のお客さまではなく会社のお客さま、つまりあなたのお客さまでもあるからです。

すれ違う社員たちが、感じの良いあいさつをすれば、お客さまに良いイメージを持っていただけます。それに対して、明らかにお客さまだとわかるのに、皆が無視すれば、「このような感じが悪い会社とは取引したくない」と思われるかもしれません。すべてのお客さまは自分のお客さまでもあると、常に意識してあいさつをしましょう。

⑥オフィス内で迷っているお客さまには声をかける

オフィスの入り口などで迷っているお客さまを見かけたら、まずは「いらっしゃいませ」と声をかけ、誰を訪ねてきたのかうかがいます。社名、名前、アポイントの有無、用件などを聞き、アポイントがある場合は、すぐに担当者に連絡します。

アポイントがない場合は、担当者が在席しているかどうかを伝えてはいけません。不要なセールス（売り込み）などの場合もあるからです。一方で、転勤や異動のあいさつなど、数日で数多くの場所を回るなどの場合にはアポイントは取らないことがありますが、重要なお客さまの可能性もあります。「ただ今、見て参りますので、少々お待ちください」などと言って、担当者の判断を仰ぎましょう。

⑦商談終了後はすぐに立ち上がらない

商談が終わったら「本日はありがとうございます」などと締めくくりのあいさつをします。このあとすぐに立ち上がってはいけません。

いかにも、早く帰るように促しているように見えるからです。お客さまが名刺や資料などを片付け終わるまで座って待ちます。お客さまの支度を待つ間は、スムーズにお見送りができるように、自分の荷物は整理しておきましょう。

お客さまが立ち上がったら、自分たちも立ち上がります。すぐに扉を開け、お客さま、役職が上の人から順に退出してもらいます。お見送りは自社ビルならエントランス（玄関）まで、テナントビルならエレベーターホールでボタンを押してエレベーターを呼び、お客さまを乗せて、扉が閉まるまでお辞儀をします。ここまでがお見送りの基本です。

Manners Column

商談は自分から話を切り上げない

仕事にも慣れ、自分のお客さまをお迎えするようになったとき、最も難しいのは終わらせ方です。「そろそろ時間なので」と、こちらから話を切り上げるのは失礼です。訪問した方が話を終わらせるのが訪問・来客時のマナーなのです。

そこで次の予定が入っている場合は、あらかじめ「3時に次の来客がある」「4時に出かけなくてはならない」「この部屋を使えるのは2時まで」のように、時間延長ができないことを伝えておきましょう。そのうえで「申し訳ありませんが、そろそろ次の予定がございますので」と言えば失礼には当たりません。時間を気にして時計をチラチラ見るのはお客さまに悪い印象を与えます。

マナー04

訪問

●「あえて」の訪問だからこそ守りたいこと

多くのコミュニケーションがメールで済む時代になり、オンライン会議の普及によって訪問の機会はさらに減りました。今や訪問は貴重な機会になりつつあります。また、ビジネスマナーが備わっているか、が試される貴重な機会でもあります。

①事前にアポイントを取る

訪問するときには、必ず事前に面会のアポイントメント（＝アポイント、アポ）を取りましょう。アポイントとは「面会の約束」のことです。すでに面識のある取引先の場合は、訪問の用件と訪問日の候補をいくつか伝えます。初めての相手の場合は、会社概要や自己紹介も必要です。聞き間違いを防ぐためには電話よりもメールが確実です。またメールなら、相手がつかまらなくて何度も連絡する手間もありません。メールアドレスがわからない場合は、電話で用件を伝え、可能なら以後のやり取りをメールに切り替えてもらいましょう。

②アポイントの確認メールを出して勘違いを防ぐ

メモの紛失や書き間違いなどで、アポイントの日時の間違いが起こることがあります。間違いを防ぐためには、前日、もしくは当日に確認メール（リマインドメール）を送りましょう。「明日の15時からの面談の件、よろしくお願いいたします」「本日は予定どおり15時にうかがいます」など、短い文面で構わないので、確認メールを出しておけば勘違いを防げます。あらためて訪問のお願いをすることで「丁寧な人」という印象も与えられるでしょう。

③前日までに準備しておくこと

名刺、パンフレット、提案書などの書類、ノートパソコンの充電チェックなど、訪問先で使うものは前日までに揃えておきましょう。訪問の目的によっては、先輩や上司に書類のチェックをお願いすることも必要です。早めに準備をしておけば、仮に書類に不備があっても、余裕を持って修正できます。

また「何時のアポイントメントで、どこに行くのか」「何時に会社に戻ってくるのか」などは、必ず上司に報告します。時間や場所によっては、「直行するように」あるいは「直帰するように」などの指示が出ることもあります。

④初めての訪問先は時間に余裕を

遅刻は最も失礼なマナー違反のひとつです。

初めての訪問先の場合は、先方の最寄り駅までの所要時間、駅から訪問先までの行き方などを調べておきましょう。地域によっては、極端にバスや電車の本数が少ないところがあるので、利用する場合は、必ず時刻表も確認します。

また訪問先が大学や大規模複合施設などの場合は、敷地が広く、受付が遠い場合もあります。スマートフォンがあるからと油断せず、通常の所要時間よりも30分から1時間程度は余裕を持たせましょう。

⑤アポイントの5分前に受付するのが目安

約束の時間より早く着いたからといって、早く訪問相手に会おうとするのはマナー違反です。相手はあなたの訪問時間に合わせて予定を組んでいるので、早く来られると困るかもしれません。

一般的に、受付はアポイントの5分前と言われています。時間が来るまで、ロビーやビルの前など近くで待ちます。始業直後の午前9時頃、昼休みのあとの午後１時頃は、アポイントが重なりやすい時間なので、企業によっては受付に行列ができることもあります。こうした事態も見越して10分前には、すぐに受付できる場所で待機します。

⑥受付手続きの基本

受付では、まず訪問先の部署と名前、約束の時間、それに自分の会社名と名前を告げます。そのとき、名刺を渡しておくと聞き間違いを防ぐことができるでしょう。受付の方は、訪問相手に内線電話で連絡して「ロビーで待つように」「３階に上がるように」など訪問相手からの指示を伝えてくれます。ゲスト用の入館カードなどを渡されることもあります。

会社によっては、受付で用件や名前などを書くところ、また自分で内線電話をかけるところ、タッチパネルで受付手続きをするところなどもあります。

⑦コートは訪問先のオフィスに入る前に脱いでおく

冬のマナーで忘れてはいけないのがコートの扱い方に関するマナーです。できれば訪問先のビルの外で、オフィスに入る前に脱いでおきましょう。脱いだコートは、裏地が外に出るように裏返しに畳んで持ちます。コートは外套（がいとう）と言われるように一番外側に着るので、ほこりや花粉、雑菌が付いています。そうしたものをオフィス内に持ち込まないという気遣いで、裏返しに畳むというマナーが誕生しました。

畳んだコートは椅子の上に置きます。もし「コートをお預かりします」と言われたら、遠慮せず、渡しましょう。面談終了後、コートを着るのは正式にはビルの外など、脱いだ場所と同じですが、「寒いので、こちらで着てください」などと勧められれば着ても失礼には当たりません。

Manners Column

訪問の終了は新たな一歩の始まり

訪問が無事終了。ホッと一息つきたくなりますが、その前にやることはたくさんあります。まずは商談中に頼まれた資料の用意、見積書や議事録の作成などを済ませてしまいましょう。

当日、遅くとも翌日には、訪問先にお礼のメールを出しましょう。商談中に頼まれた資料、見積書や議事録なども、そのとき一緒に送れればスマートです。間に合わなければ後日で構いませんが、できる限り早く対応しましょう。スピーディな対応はビジネスパーソンの武器のひとつ。仕事が早いだけでも一目置かれるでしょう。

一方、仕事に慣れてくるとしがちなのが、会社に戻る電車内など、移動中や社外での資料作成や書類のチェックです。情報セキュリティの観点から禁止されている企業も少なくありません。周囲から見られるだけでなく、書類などの置き忘れや落とし物をするリスクも高まります。電車内やカフェなどで、そのような仕事をするのはやめましょう。

マナー05 名刺交換

●第一印象を左右する名刺交換のマナー

初対面の相手と最初に行うのが「名刺交換」です。それだけに交換時のちょっとしたしぐさが、自分の第一印象を左右することがあります。そつなくスマートにこなせる名刺交換のマナーのイロハを覚えておきましょう。

①「どこの誰か」を伝えるために

自分は何という者で、どのような組織に属し、どのような仕事をしているのか。一枚の紙にビジネスパーソンの情報を記した名刺は、便利でかつ欠かせないビジネスツールです。

初対面の相手に渡すだけで自己紹介になりますし、後日、あらためて連絡を取る場合にも便利です。最近では、スマートフォンで名刺の写真を撮って、クラウドで管理する名刺管理システムも浸透してきました。

②「名刺=自分そのもの」のイメージで扱う

テクノロジーの進化で名刺に対する意識は変わりつつありますが、日本では今も、名刺はその人の分身であるかのように大切に扱います。たとえ小さな紙一枚でも、自分の名前や会社の名前が書かれた、自分そのものを表しています。たいていは、初対面の相手と手渡しで交換するものです。そのような名刺をぞんざいに扱ったら、「自分のことを軽んじている」「失礼だ」と思われるのは当然です。受け取った名刺は相手を敬うように、丁寧に扱うのが基本です。

③名刺は名刺入れに入れる

自分の名刺は名刺入れに入れておきましょう。名刺をバッグやジャケットのポケットに裸で入れておいたり、財布やスケジュール帳に入れておくのは、名刺が折れたり汚れたりしやすいため避けましょう。

いただいた名刺を名刺入れではないものにしまうと「名刺を（つまり自分を）大切にされていない」と思わせてしまうかもしれません。

【名刺に関するNG行為】

- **いただいた名刺にその場で書き込みをしてはいけない**
- **ズボンのお尻のポケットに名刺入れを入れてはいけない**
- **いただいた名刺を腰の高さから下に持ってはいけない**

④名刺の渡し方

テーブルをはさんだミーティングの場合、テーブル越しに手渡してはいけません。回り込んで相手の近くで交換しましょう。

名刺入れを手にし、一枚取り出して、名刺入れの上に重ねて持ちます。このとき、名刺の文字が相手から見て、読みやすい向きにしておきましょう。名刺は、手前の角を持ち、名前や社名・ロゴなどが指で隠れないようにします。

⑤名乗りながら、両手で手渡す

名刺を手渡すときは、名刺を乗せた名刺入れを胸の高さで両手で持ちます。相手の目を見て、「初めまして」とあいさつをしたあと、会釈（15度のお辞儀）をし、上体を起こしてから、相手の目を見て「わたくし、○○社○○部の○○○○と申します。よろしくお願いいたします」と名乗ります。名乗りつつ、両手で差し出します。

相手の名刺を受け取るときは「頂戴いたします」と言いながら、名刺の文字に触れないようにして両手で受け取りましょう。

受け取った名刺はすぐに名刺入れにしまってはいけません。その後始まるミーティングや商談で、自分が読める向きで、自分から見て左上側の机上に名刺入れを置き、その上に乗せます。複数名いる場合は、相手の並んだ席順に合わせて並べます。万が一、ミーティング中に相手の名前がわからなくなっても、確認ができます。ミーティング終了後、速やかに名刺入れにしまいましょう。

1 名刺を準備して両手で持ち、相手の目を見ます

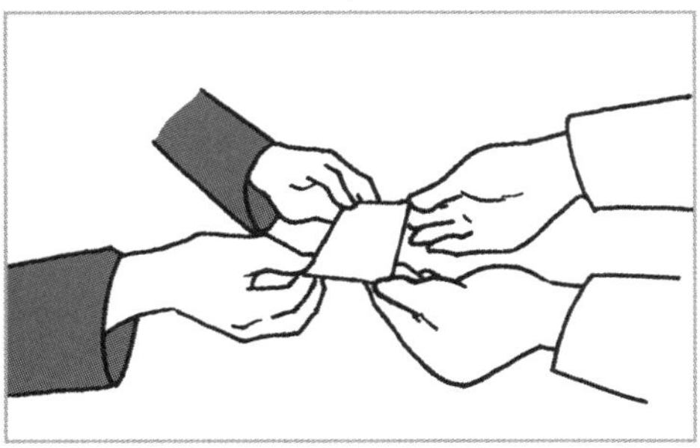

2 名乗りつつ、両手で名刺を差し出します。相手に読みやすい向きにして渡しましょう

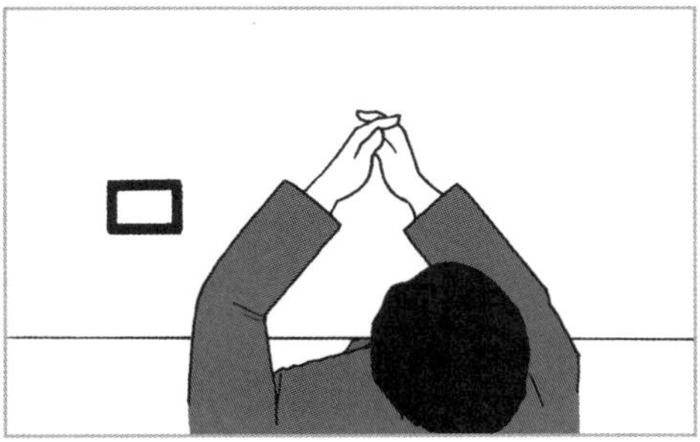

3 その後のミーティングでは、いただいた名刺を読みやすい向きにして自分の左上側に置きます

⑥名刺を渡すのは「訪問した側」が先

名刺交換で戸惑うのが、どちらが先に渡すかの順番です。

基本は目下の人から目上の人に渡します。ビジネスシーンで言う目上とは、年齢や地位のことではありません。「仕事を発注する側（お金を払う側）」や「訪問された側」が目上になります。

悩みがちなのが、複数対複数の名刺交換です。目上の方同士から交換します。たとえば「自分」と「上司」が「取引先の担当者」と「取引先の上司」を訪ねた場合、まず訪問先が目上なのは当然ですが、社内では役職によって目上か目下かが決まります。

よって

①上司と取引先の上司
②自分と取引先の上司
③上司と取引先の担当者
④自分と取引先の担当者

の順で交換するのが間違いありません。もっとも①と④、②と③を同時並行で済ませるスタイルもあるので、柔軟に対応します。

⑦名刺を落としてしまったときは?

手渡そうとした名刺を落としてしまった場合、その名刺を拾って渡すのは避けましょう。新しい名刺を名刺入れから出して、きれいなものを渡します。

名刺交換のときに、手持ちの名刺がない、または忘れた場合は「申し訳ございません。あいにく名刺を切らしておりました」とお詫びし、口頭で社名、部署名、名前などを伝えてあいさつするにとどめ、相手の名刺だけ丁寧に受け取ります。「社に戻り次第、お送りいたします」と伝えます。こうしたことをできるだけ避けるため、名刺は必ず20

～ 30枚の予備を用意しておきましょう。予備用の名刺入れを持っておくのも良いでしょう。

Manners Column

日本ほど名刺好きの国はない

諸説ありますが、名刺は古代中国が起源とされます。誰かと会ったときに渡すために、名前や住所を書いた木の板がルーツだと言われています。

日本には江戸時代に伝わり、外国との交易が盛んになった幕末から多く使われるようになったようです。その後は、主にビジネスシーンで浸透しました。

おもしろいのは、日本以外の国ではこれほど名刺が多用されることがないことです。欧米でも「ビジネスカード」の名で名刺は使われていますが、日本ほど一般的ではありません。

マナー06

会話

●対面のコミュニケーションに強くなる

メールや SNS などインターネットを介したコミュニケーションは得意でも、対面での会話は苦手という人は少なくありません。円滑に会話ができるように、会話のマナーを押さえておきましょう。

①まずは相手の顔を見る

「会話するとき、緊張して人の顔が見られない」「話すとき、相手のどこを見たらいいのかわからない」。このような悩みを持つ人も少なくありません。

しかし、顔を見ないで話されると、「自分のことを嫌っているのか」「ちゃんと話を聞いているのか」などと、聞き手は不安や不信感を抱くかもしれません。

会話をするときには、相手の顔を見て聞き、話すように心がけましょう。相手の顔の中でも、とくに目を見ながら話すようにします。「目は口ほどにものを言う」と、ことわざにもあるように、相手の感情は、瞳孔の開き具合や目からうかがえる表情で察知できるのです。じっと見つめるのではなく、にこやかに柔らかく見つめるようにします。

②「聞いています」「興味があります」をしぐさで示す

対面のコミュニケーションで大切なのは聞き上手であることです。人は自分の話を聞いてくれる人に好感を抱きます。まずは、相手の話を聞く姿勢をはっきり見せましょう。

会話をするとき、とくに相手が話しているときは、顔を見るのと同時に、少し身を乗り出して聞くようにしましょう。また適度にうなずきながら相づちを打ちます。話し手は安心して話を続けられます。

会話するときは少し身を乗り出して、相手の顔を見ましょう。

③会話が弾む相づちの言葉

ビジネスシーンにふさわしい相づちの言葉を選びましょう。望ましいのは「はい」「ええ」「おっしゃるとおりです」「そうですね」などの相づちです。これらは目上の人に使っても失礼ではありません。

一方で、「へぇ！」「うん」「ふーん」といったカジュアルな相づちは、友人同士の会話ならば何ら問題はありませんが、ビジネスシーンでは、幼稚な印象を与え、失礼になります。また、「はいはい」など、同じ言葉の繰り返しも避けましょう。

④上司や先輩に話しかけるときは

上司や先輩などに用事があるときは「失礼します。今、10分ほどお時間をいただいてもよろしいでしょうか？」と、相手の時間を使うことへのお詫びと共に、都合を確認する言葉から始めましょう。

ポイントは“具体的に割いてほしい時間と用件を伝える”ことです。相手は、必要な時間を聞かれれば、即座に時間を割けるかどうかがわかります。

⑤質問は具体的に

仕事でわからないこと、悩みがある場合は、上司や先輩の知恵を借りましょう。うまく知恵を引き出すためには、質問力を磨くことが大切です。質問はできるだけ具体的に聞きましょう。「どうすれば新規顧客を開拓できるのか？」といった大まかな質問をするだけではなく、「営業のトークをこのように変えてみようと考えています。機能向上の魅力が伝わるでしょうか？」と質問すれば、相手も具体的なアドバイスをしやすくなるでしょう。また新聞やニュースサイトに目を通して、上司や先輩との会話や質問の糸口となる知識を得ることにも、貪欲でいたいものです。

⑥雑談上手になるには

雑談にはさまざまなメリットがあります。仕事に関係がない雑談でも、斬新なアイデアや革新的な着想が生まれたり、役職や年齢の差を超えて心の距離が近づくきっかけになったりします。

上手に雑談をするためには、どうすれば良いのでしょうか。

カギはやはり「聞き上手」になることです。人は誰かの話を聞くよりも、自分が話すことを好みます。上手に聞くことを、まず意識しましょう。

ただ漫然と聞いているだけでは、雑談は盛り上がりません。雑談で良い聞き手になるためのひとつのポイントは雑学です。雑学があることによって、たとえば、出身地の話が出たときに「焼き物で有名ですね」「あのミュージシャンの出身地ですね」などと、名物や有名人などの話題につながり、会話が膨らんでいきます。もちろん、そのような会話はすぐにできるようにはなりません。まずは、天気やニュースなどの身近な話題で練習してみるのも良いでしょう。

マナー07 休憩時間

●円滑な社内コミュニケーションを育むとき

休憩時間やランチタイム。仕事を離れてホッと一息つけるときですが、上司や先輩との距離を縮める貴重な時間でもあります。そのようなときのスムーズなコミュニケーションのポイントを押さえておきましょう。

①ランチでは仕事の話はしない

同僚とランチを取るとき、つい、仕事の話をしてしまいがちです。しかし、情報管理の観点で、社外では具体的な仕事の話は避けましょう。また、上司や先輩に対して「結婚されているのですか？」「どちらの大学ですか？」など、プライバシーにかかわる踏み込んだ質問をするのは控えましょう。

②上司や先輩と食事をするときのマナー

上司や先輩と食事に行ったとき、自分の食事が先に出てきたら、他の人の食事が出てくるまで待つのがマナーです。もし他の人の食事が先に出てきたら「どうぞ。先に召し上がってください」と勧めます。

上司や先輩と一緒のメニューを選べば、通常は一緒のタイミングで出てくるので、このような気遣いは不要になります。

上司や先輩が支払ってくれる場合は、「ご馳走さまでした」と言い、先に店を出て、店の前で待ちます。合計金額や支払うところを見るのは、失礼な行為だとされています。

③上司との雑談のコツ

取引先へのあいさつや食事など、上司と共に行動する機会もあるでしょう。そのようなときに、うまく雑談をできればお互い親近感が湧き、その後のコミュニケーションもスムーズになるものです。

上司から質問された場合は、わかりやすく丁寧に答えましょう。「課長も週末はお出かけになったのですか？」と、上司からの質問をそのまま返すと、会話が弾みやすくなります。もちろん、自分から上司に質問しても構いません。

④ランチタイムは時間配分に注意

ランチタイムや休憩時間で注意したいのは戻る時間です。とくにランチタイムは、多くの店が混むので、並ぶ時間、食事が出てくる時間など思った以上に時間がかかるものです。そうした時間を食べる時間にプラスしておかなければ、昼休み時間をオーバーしてしまいます。

Manners Column

コロナ禍で再認識された雑談の価値

リモートワークの広がりによって雑談の重要性が再認識されました。

オンライン会議やミーティングの前に、10分程度の雑談の時間を設ける企業もあります。互いの人となりがわかるような雑談をすることで、リラックスして仕事に取り組めたり、親しみを感じて結束力が強まったりするからです。

コロナ禍以前までは、「歓送迎会」「暑気払い」「忘年会」などさまざまな名目で、飲み会や食事会が開催されていました。また、社員旅行や運動会など、皆で楽しむ場を積極的に設けている会社もありました。そのような場で、自然にコミュニケーションを図れていたので、わざわざ雑談の場を設ける必要はありませんでした。

しかし、コロナ禍をきっかけに飲み会もイベントも自粛するようになりました。在宅勤務により出社も控えるようになり、上司や先輩、同僚などとの対面によるコミュニケーションの機会が減りました。このような状況に置かれたことで、ちょっとした雑談が、いかに大切なものであったかなど、雑談の価値があらためて認識されるようになりました。

マナー
08 会議・ミーティング

●入社まもない頃でも会議・ミーティングでできることはある

ビジネスパーソンにとって、会議・ミーティングは欠かせません。入社まもない新人にもできることはあります。基本的な作法を押さえておきましょう。

①会議・ミーティングの目的を意識する

会議・ミーティングに臨むうえで、まず大切なのは、目的を正しく理解することです。会議・ミーティングの目的は、大きく３つに分けられます。

１．アイデア出し（ブレインストーミングなど）
２．意思決定
３．情報伝達・共有

目的によって求められる行動は異なります。まずは参加する会議がどれに当たるのかを意識して臨みましょう。

②平凡でもいいからアイデアを出す

アイデア出しのときは「ブレインストーミング（＝ブレスト）」という手法がよく用いられます。数人のグループで自由にアイデアを出し合います。他の人の発言をヒントに新しいアイデアをどんどん出すことで、良いアイデアを生み出すのが狙いです。

ブレストで必要なのは、まずは質を問わずに、できるだけ多くのアイデアを出すことです。新人のうちは「大先輩を前に、自分のアイデアなんて……」と思うかもしれませんが、むしろ経験の少ない若手の素朴な疑問やアイデアが、良い起爆剤になることがあります。平凡な案でも良いので、アイデア出しに加わることが大切です。

③ブレストではアイデアを否定しない

ブレストのときにしてはいけないのは、誰かがアイデアを出す度に、アイデアの良し悪しを評価することです。一見、賢そうなふるまいですが、ブレストは、メンバーがアイデアの良し悪しを気にせずにどんどん発想することが重要なので、評価する必要はありません。自らもアイデアを出すことに集中しましょう。

④勝手に情報を取捨選択しない

進捗状況や方針の変更など、情報共有を目的としたミーティングなら、自分が把握している情報を過不足なく、正確に伝えることを心がけましょう。「これは伝えなくていいだろう」と自分で勝手に判断し、情報を取捨選択すると、伝え漏れが生じて、上司や同僚の判断ミスを招きかねません。

⑤終了時間を守る

会議が長引く大きな理由は、終了時間が守られていないことです。終了時間を意識しながら参加しましょう。また、職場によっては終了時間があやふやなこともあります。新人の頃は指摘しづらいと思いますが、職場に慣れてきたら、「終了時間は何時にしましょうか？」「それぞれの議事の時間配分はどうしましょうか？」と提案してみましょう。あらかじめスケジュールをきちんと決めておくことで、会議がスピーディに進みます。

⑥資料は会議の前に送る

議題などが書かれた資料は、会議の前に参加者に配布します。そうしないと、会議中に初めて議題の中身を知ったり、資料を読んだりすることになり、話し合う時間が少なくなってしまいます。上司から指示がなければ、「事前に送付した方がよろしいでしょうか？」と確認を取って、送りましょう。

⑦新人は、議事録作成を買って出よう

新入社員のうちは、意見を出すのも難しく感じるかもしれませんが、できることはあります。「議事録を作成する役割」を自ら買って出るのが、そのひとつです。

議事録とは会議で話し合われたことや決定事項を文章で記録したものです。議事録を作成することで、会議の内容が頭に入りやすくなり、会社のことがわかってきます。また議事録を書くことで、ビジネスに必要な文章力や整理力が鍛えられます。

議事録が大切であることは、オンラインの会議でも同様です。

⑧会議が終わったら、すぐに議事録を送る

会議が終わったら、できるだけ早く議事録をまとめて、参加者に送りましょう。何が話し合われて、どのような結論が出て、誰がどのようなアクションを起こすか。会議に参加していた人も、その場を離れ、時間が経つと意外と忘れてしまうものです。

加筆修正がないかを参加者に確認し、全員からOKが出たら、必要に応じて、参加しなかった関係者にも議事録を送ります。こうすることで、関係者の間で同じ情報を共有でき、次のアクションにつなげることができます。

マナー
09 リモートワーク

●オンライン会議のスタンダードなマナーとは？

新型コロナウイルスの感染拡大によって、オンライン会議ツールや遠隔操作ツールなどを駆使したリモートワークが一気に普及しました。通勤時間がなくなる分、時間に余裕ができ、ワークライフバランスが取りやすくなりました。多様な働き方につながるとして、今後も定着するでしょう。リモートワークやオンライン会議をするときなどのスタンダードなマナーを押さえておきましょう。

①リモートワークはこまめにコミュニケーションを取る

リモートワークはまだまだ過渡期です。人と会わずに仕事を進めることに慣れていない人は少なくありません。

そのため、よくあるのが、上司が部下に対してさまざまな不安を抱くことです。直接、顔を合わせて同じ場所で仕事をしていないと、仕事の進捗状況を正確に把握しにくいため、不安を抱きやすいのです。

上司に不安感を持たれないように、リモートワークをするときは、可能な限りメールへのレスポンス（返信や反応）を早くし、こまめにコミュニケーションを取ることを心がけましょう。メールだけでは意思の疎通が図りにくい場合は、オンライン会議や電話なども駆使しましょう。

②騒音の少ない環境を整える

リモートワークに欠かせないのは、ZoomやTeams、Google Meetなどのオンライン会議ツールです。滞りなくやり取りができるよう、参加するときは、あらかじめ環境を整えておきましょう。

オンライン会議は、騒音が少なく、安定したインターネット環境がある場所で行います。生活音のような雑音が入ると、会議に支障をきたすこともあります。自分の声が相手に届きにくい場合は、ヘッドセットを使いましょう。こちらの声もクリアに届けられますし、相手の声も聞き取りやすくなります。

③発言を遮らないようにミュートにする

オンライン会議は、環境によって音声が聞こえにくいという弱点があります。参加者一人ひとりが雑音を減らすことが重要です。

たとえば、参加メンバーのひとりが発言しているときは、マイクをミュート状態にしましょう。

オンライン会議システムは、「はい」「うん」と声に出して相づちを打つと、発言している人の声をかき消してしまい、聞きにくくなることがあります。相づちを打つときは無音でうなずくようにしましょう。

④ビデオをオンにして、うなずきのリアクションは大きく

会議中は、各参加者の顔が見えるように、できるだけ、ビデオをオンにするのが望ましいでしょう。発言者は、聞き手の反応がわからないと、話しにくいためです。うなずきなどのリアクションを大きめにすると、発言者も反応を見ながら話すことができるので、よりオフラインの会議に近づきます。

画面映りが暗いと表情が見えなくなるので、照明の当たる場所に移動するか、リングライトなどで顔を照らします。

「自宅の中を見られたくない」「社内を見られるとまずい」場合は、背景フィルターを使用してぼかすか、バーチャル背景に変えましょう。ビジネスシーンでは、落ち着いた背景を選ぶと良いでしょう。

⑤オンライン会議の服装はカジュアルでOK？

オンライン会議でビデオをオンにした場合、気になるのが「服装」の問題です。最近は、ビジネスカジュアルが取り入れられるようになり、「ジャケットにTシャツ」「ポロシャツ」などで仕事をしている人も増えました。

さらにリモートワークの場合は、より服装がラフになっている傾向があるようです。ジャケットを着ないで、Tシャツやパーカー姿で社外のオンライン会議に出席している人も珍しくありません。

ただ会議の相手や状況によっては、カジュアルな服装は失礼だと思われる場合もあります。原則的には、職場での服装と同じ服装にした方が良いでしょう。営業職の人がお客さまとやり取りする場合は、整った服装にした方が良いでしょう。

業界にもよるので、カジュアルな服装がどこまで許されるのか、事前に上司や同僚に確認しておきましょう。

⑥画面共有を活用する

オンライン会議はどうしても音声が聞きづらいことがあるので、口頭だけでやり取りすると、行き違いや勘違いが生じることがあります。

それを防ぐには、オンライン会議ツールにある「画面共有」機能を活用しましょう。ワード(Microsoft Word)などの文書やGoogleドキュメントを画面共有し、議事録を書きながら会話を進めると、即座に全員で情報共有ができます。自分の伝えたいことを事前にワードやパワーポイント(Microsoft PowerPoint)に書いておき、画面上で共有すると、口頭だけで説明するときと比べてぐっと伝わりやすくなります。

またオンライン会議ツールのチャット機能を使って、文字による、テキストコミュニケーションを併用するのも良いでしょう。

⑦画面共有の注意点

画面共有は便利な機能ですが、使い方には注意が必要です。一般的なオンライン会議ツールには、ワードやパワーポイントなど、選択したファイルを画面上に共有する機能（ウィンドウ共有）と、パソコンのデスクトップ全体を共有する機能（デスクトップ共有）が用意されています。デスクトップ共有は、複数のファイルやウィンドウをまとめて共有できるため便利ですが、共有した時点で開いていたその他のファイルや、メールの文面、受信トレイなどが参加者全員に丸見えになってしまうことがあります。大切な情報が漏えいするリスクがありますので、十分注意して操作しましょう。

⑧オンライン会議ではゆっくり話す

オンライン会議の場合、参加メンバーが聞き取りづらいことを念頭に入れて、ゆっくり話すことを心がけましょう。

大人数のオンライン会議で発言したいときには、いきなり話し始めずに手を挙げると、誰が発言したいのかが参加者に伝わり、スムーズに発言しやすくなります。

⑨オンライン会議の「遅刻」に注意

オンライン会議で意外と多いのは遅刻です。自宅にいて、つい気が抜けてしまうのかもしれません。リモートワークは顔が見えないので、わずか数分でも、「忘れているのでは？」と心配をさせてしまいます。５分前には待機しておきましょう。

オンライン会議で遅刻する原因は、予定を入れ過ぎることにもあります。「来てもらうわけではないから負担は少ないだろう」と気軽に会議を詰め込みがちになります。

しかし前の会議が押して、次の会議に遅刻したら、他の人に迷惑がかかります。会議の予定が詰まっているときは、冒頭で次の予定があることを伝えて、終了時間になったらきちんと退出しましょう。あらかじめ延長を見越してゆったり予定を組むのも手です。

マナー10 退社

●退社には基本的な手順やルールがある

新人の頃は、帰るタイミングに悩むこともあります。パート、短時間勤務、派遣など働き方の多様化により、就業時間もさまざまです。退社に関する基本的な考え方、手順を学びましょう。

①定時が近づいてきたら業務報告

会社の就業規則には一日の労働時間が定められています。「9時～17時」のように具体的な始業時間と終業時間も定められています。この定められた時間を「定時」と言います。

定時の終業時間になったからといって勝手に帰るのは避けましょう。まず上司に、今日はどのような仕事をしたのか、どこまでできたのかなどの報告をします。会社によっては日報を提出するところもあります。また、進捗状況によっては、残業の指示が出ることもあります。

②勝手に残業をしてはいけない

「あと少しで終わりそうだから、定時を過ぎてしまうが、頑張って済ませておこう」。このように考えたくなることもありますが、勝手に残業をしてはいけません。残業して良いかどうかは上司が判断することです。

上司に仕事の進捗状況を報告したとき、必要であれば、残業して終わらせるよう指示が出ます。指示がなければ、定時に帰らなくてはいけません。続きは翌日（翌就業日）にやりましょう。

③会社によっては直帰の制度もある

直帰（ちょっき）とは、外出先から会社に戻らず直接、家に帰ることです。たとえば、外出先から会社に戻ると、退社時間間近、または退社時間を過ぎる場合があります。そうしたときに、会社に戻らずに、外出先からそのまま帰宅することを直帰といいます。

もちろん、直帰の制度があるからといって、勝手に直帰してはいけません。上司に、今日行った仕事や急ぎの用事はないことなどを報告したうえで、指示に従います。

④休暇の前は、引き継ぎをしっかりしてから帰る

最も注意したい退社は、休暇の前です。とくに、有給休暇を取って平日に休むような場合は、皆が休む連休中と違って、社内も取引先も動いているので、問い合わせの電話がいつもどおりにかかってきます。中には、自分しか答えられないような問い合せがあるかもしれません。引き継ぎをせずに休んだ場合、問い合わせの内容によっては、社内にも取引先にも迷惑をかけることがあります。自分がいなくてもわかるように、上司に今日まで手がけている仕事を漏れなく報告し、また、不在時に代わりに対応できるように、同僚などに仕事を引き継ぎます。休暇明けには、サポートしてくれた人たちにお礼を伝えましょう。

⑤退社時はあいさつをして帰る

退社するときは、黙って帰ってはいけません。周りの人に、きちんとあいさつをしてから帰ります。あいさつの言葉は「お先に失礼いたします」。また、自分より先に帰る人に対しては、「おつかれさまでした」と声をかけましょう。

第1章 章末問題

問題1

朝の通勤途中や出社時のあいさつについての記述です。適当と思うものを**2つ**選びなさい。

1）出社したら、まず元気良く「おはようございます」とあいさつする。
2）通勤途中で会社の先輩や上司を見かけても、業務時間外なので、あいさつはしない。
3）通勤途中で会社の先輩や上司を見かけたら、「おはようございます」と声をかける。
4）社内で、顔は知っていても名前は知らない程度の人には、あいさつはしない。

解答1

答えは1）と3）

出社したら、元気にあいさつをします。部署によっては一人ひとりに声をかけるところもあります。すると、一人ひとりから返事が戻ってきます。この繰り返しでお互いの存在をより強く意識できます。一方、通勤途中で上司や先輩を見かけたら、声をかけるのが良いでしょう。業務時間かどうかに関係ありません。また、名前を知らなくても、同じ会社の仲間なので、きちんとあいさつをしましょう。

問題2

お客さまが来社し、上司からお客さまを応接室まで案内するよう指示がありました。**不適当と思うもの**を1つ選びなさい。

1）応接室が複数ある場合は、あらかじめ、予約している部屋を確認しておく。
2）部屋のドアが空き室の表示になっていても、ノックをする。
3）すぐに座れるように応接室のドアに一番近い席を勧める。
4）外開きのドアの場合は、ドアを開け、手で押さえてお客さまに先に入ってもらう。

解答2

答えは3）

ドアに1番近い席は「下座（末席）」です。お客さまには「上座（上席）」を勧めます。部屋のレイアウトなどによって上座の場所が異なるので、上司などに、あらかじめ上座の場所を確認しておきましょう。

問題3

あなたは、新規の取引先となるお客さまを訪問することになりました。「あなた」と「上司」、「取引先の担当者」と「その上司」の4名でミーティングをします。このときの名刺交換の順番として、(ア)～(エ) にあてはまるものを選びなさい。

〈名刺交換を行う順番〉

(ア)→(イ)→(ウ)→(エ)

1）あなたと取引先の上司
2）上司と取引先の担当者
3）上司と取引先の上司
4）あなたと取引先の担当者

解答3

答えはア＝3）、イ＝1）、ウ＝2）、エ＝4）

名刺は、「目下の人から目上の人にわたす」のが基本です。ビジネスでは「仕事を発注する（お金を払う）側」や「訪問された側」が目上になります。

取引先を訪問して名刺交換する場合は、目下にあたる「あなた」が先に名乗りながら手渡すのがマナーです。

また、複数の人が互いに初対面のときは、役職が上の方から順に名刺交換していきます。この問題の場合は、①上司と取引先の上司、②あなたと取引先の上司、③上司と取引先の担当者、④あなたと取引先の担当者、の順に行うのが基本です。ただし、①と④、②と③を同時並行で行うケースもあるので柔軟に対応しましょう。

問題4

アイデア出しの会議（ブレインストーミング）に関する記述です。**不適当と思うものを2つ**選びなさい。

1）出てきたアイデアはすべてホワイトボードなどに書き出す。
2）誰かがアイデアを出したら、その都度、その内容を精査する。
3）上司より先にアイデアを発言しても良い。
4）平凡過ぎるアイデアは会議の妨げになるので、口にすべきではない。

解答4

答えは2）と4）

ブレインストーミングの目的は「良いアイデアを生み出すこと」です。そのためには、まずは平凡でも良いので、できるだけ多くのアイデアを出しましょう。誰かのアイデアをきっかけに良いアイデアが生まれることが少なくありません。また、アイデアが出る度に批評してはいけないというのが、ブレインストーミングのルールです。自由で開放的な議論をして、新しいアイデアを生み出していきましょう。

問題5

リモートワークに関する記述です。**不適当と思うものを2つ**選びなさい。

1）実際に会って話す機会がなく、意思疎通のミスが起きやすいので、メールだけでなくオンライン会議や電話などを駆使して、やり取りの工夫をする。

2）メールへの返信が遅いと、メールを見ているだろうかなど、上司に不安を抱かせるので、早めに返信する。

3）上司も忙しいので、相談はなるべくしないように心がける。

4）自宅での業務では予期せぬ出来事が起こりやすいので、オンライン会議は多少の遅刻をしても仕方がない。

解答5

答えは3）と4）

3）はリモートワークをしているとちょっとした会話や相談などのコミュニケーションが希薄になりがちです。そのために問題が起きることが少なくありません。こまめに相談するように心がけましょう。4）はオンラインであってもオフラインであっても、遅刻をしてはいけません。在宅ワークでのオンライン会議は移動の時間がないため、つい前後にギリギリまで予定を入れてしまいがちですが、それで遅刻することもあります。余裕を持った予定を組みましょう。

2章　当たり前に身に付けたい、ビジネスパーソンの基本所作

マナー11

身だしなみ

●ビジネスカジュアル時代も変わらないポイント

ダイバーシティ（多様性）が尊重される今の時代、ビジネスにおけるファッションは以前よりもずっと自由になりました。それでも、見た目の印象が大切なのは変わりません。人は「だらしないな」「不潔だな」と感じる相手より、「きちんとして見える」相手から、ものやサービスを買いたいと思うからです。より良く見せる身だしなみのポイントを押さえておきましょう。

①基本は「相手から目線」で

ビジネスはスーツスタイルで、という前提が変わってきました。クールビズの普及でカジュアルスタイルが広く浸透してきています。

ただし、スタイルが多様になっても変わらないマナーがあります。それは「清潔感のある服装や髪型を心がけること」です。良し悪しは別として、人は相手の「人となり」を見た目で判断する傾向が強いものです。スーツ姿でも、Tシャツ姿でも、身なりが不潔だったり、だらしなく見えたりしないようにしましょう。

②洋服はサイズが合ったものを

清潔感を感じさせる着こなしには、２つのポイントがあります。

１つ目は「サイズの合った服を着ること」です。ジャケットやシャツは着たときに肩が落ちたり、突っ張ったりしないものを選びます。パンツなら、太過ぎたり細過ぎたりしないものが良いでしょう。スカートならば丈が長過ぎたり、短過ぎたりしないものを選べば間違いありません。購入時はできるかぎり試着をして、店員に相談しながら買うのが良いでしょう。
２つ目は「汚れやしわがないこと」です。きれいに洗濯をした服を着るのはもちろん、シャツなどはしわになりにくい形状記憶素材を選ぶか、こまめにアイロンがけをします。

③ヘアスタイルは、額を意識する

ビジネスシーンにおけるヘアスタイルでは「清潔感」が大切です。
ポイントは「額を出す」こと。額を出すと、見た目が明るくなると共に、眉毛もはっきりと見せられます。眉毛が見えれば、その人の表情もわかりやすくなります。表情が見えれば、感情を伝えやすくなるため、相手との距離が縮めやすくなるのです。
ヘアカラーは業界や会社によって「どこまで明るい色が認められるか」「どのような髪色なら問題ないか」が異なります。社内の先輩や同僚に聞きながら対処するのが良いでしょう。

④靴はとにかく「清潔にしておく」

靴もビジネスカジュアルの浸透で、ぐっと選択肢が広がったアイテムです。今は履きやすいスリッポンタイプやスニーカーなど、多様な靴がビジネスシーンで活躍しています。
やはり気を付けるべきは、靴のデザインや種類よりも、「清潔であること」でしょう。革靴ならば、定期的に磨き、ほこりやゴミが付いていないかをチェックしましょう。スニーカーも汚れやほこりが付くと、とても汚く見えるので気を付けましょう。
女性もかつてのように「ビジネスシーンはパンプスで」などと限定するのは、古い価値観になりました。むしろ履きやすく、歩きやすい靴を選び、汚れなどがないかなどに、気を付けましょう。

⑤ビジネスリュックや3WAYバッグは問題ないのか

ビジネスバッグも多様化が進んでいます。これまでは、ブリーフケースかショルダーバッグが定番でしたが、近頃では、ビジネスリュックや３WAYバッグ（リュック・ショルダー・手持ちで使える）を使う人も増えました。

自由度は増す一方ですが、もしひとつ選ぶなら、カジュアル過ぎないレザーやナイロン素材のビジネス用にデザインされたバッグが理想です。色は派手過ぎない黒や茶、紺などが良いでしょう。

⑥バッグは「扱い方」「置き方」に差が出る

バッグで気を付けたいのは扱い方です。

取引先の会議室で資料を取り出す際などに、テーブル上にバッグを置くのはマナー違反です。多くのバッグの底にビョウが打ってあることでもわかるように、バッグはそもそも床に置くことを前提につくられています。靴と同じく"屋外"で使うものだからです。バッグを訪問先のテーブルの上に置いたなら、「汚い」「失礼だ」と思われても仕方ありません。商談の席などでは、バッグは自分の足元、イスの横に置きましょう。

⑦意外と目立つ「爪」

爪は、目立たないようでも、とても目に付きやすい身だしなみのポイントです。

名刺交換のとき、資料を指さすときなど、手元は周囲から見られているものです。爪が伸びっぱなしだったり、黒ずんでいたりすると清潔感に欠けます。週に1度の頻度で爪は切り、汚れがないか毎朝チェックしましょう。

⑧意外と見逃しがちな「靴下」

靴下は意外と目立つアイテムです。スーツやシャツが整っていても、靴下が汚れていたり、スーツと合っていなければ、むしろ「悪目立ち」します。色はその日の装いで、最も大きな面積を占める色に合わせるのが良いでしょう。紺色のジャケットを着ているなら、紺色の靴下を選べばコーディネートは万全です。また、あまり厚手なものはカジュアル過ぎる印象を与えるので、スーツの場合は薄手のものを選びましょう。気を付けたいのは、座ったときに「素足が見えない」長さにすることです。ストッキングの場合は、伝線に注意しましょう。

Manners Column

バッグの中に忍ばせておくと便利なもの

ビジネスバッグは、中に入ったものをすぐに取り出せるように「バッグ・イン・バッグ」を使用すると、とても便利です。また、予備の名刺入れをバッグに入れておくのも役立ちます。名刺をオフィスに忘れたり、名刺が足りなくなったときに慌てずに済みます。

お客さまのご自宅に上がることが多い営業職の方で、バッグに忍ばせている人が多いのが携帯用の靴べらです。理由はもちろん、靴を脱いで家に上がったあとに、靴を履くときにスマートにすっと履けるからです。

マナー 12

敬語

●相手を敬う姿勢を示すことはビジネスの基本

「敬語」はビジネスマナーの基本中の基本です。敬語を使って、相手を敬う姿勢を示すことで、コミュニケーションがスムーズになります。社内外や年齢を問わず、仕事中の会話は常に敬語で話すことが大切です。慣れないうちは「謙譲語を使う必要があるところで尊敬語を使う」といった間違った使い方をしてしまうことがあるので、ここで押さえておきましょう。

①基本は、尊敬語、謙譲語、丁寧語の使い分け

まず間違いやすいのは、尊敬語、謙譲語、丁寧語の使い分けです。この3つには次のような違いがあります。

- 尊敬語＝相手の行動に対して、敬意を表す
- 謙譲語＝自分の行動に対して、自分がへりくだることで、相手に敬意を表す
- 丁寧語＝丁寧な言葉遣いをして、敬意を表す

とくに使い分けが難しいのは尊敬語と謙譲語です。基本的には相手の行動に対して「◯◯られる」「お◯◯になる」を付ければ尊敬語になり、自分の行動に対して「お◯◯する」と付ければ謙譲語になります。たとえば「話す」なら、「話される」「お話しになる」とすれば尊敬語になりますし、「お話しする」といえば謙譲語になります。その法則にあてはまらないものを右ページにリストアップしましたので、覚えておきましょう。

法則にあてはまらない敬語

	尊敬語	謙譲語
言　う	おっしゃる、言われる	申す、申し上げる
聞　く	お聞きになる	うかがう、拝聴する
見　る	ご覧になる	拝見する
見せる	お見せになる	お見せする、ご覧に入れる
行　く	いらっしゃる	うかがう、参る
い　る	いらっしゃる	おる
来　る	おいでになる、 お越しになる	参　る
帰　る	お帰りになる	失礼する
す　る	なさる、される	いたす
もらう	お受け取りになる、 お納めになる	いただく、頂戴する、 賜る、拝受する
与える	くださる	差し上げる、進呈する
食べる	召し上がる	いただく、頂戴する
知　る	ご存じ、お知りになる	存じる、存じ上げる
会　う	お会いになる	お目にかかる
承諾する	ご承諾になる	承る、かしこまる

②仕事でよく使う敬語

以下の言葉は、仕事の場面でよく使う敬語です。こちらも覚えておきましょう。

仕事でよく使う敬語

▼あいさつ・受け答え		
お疲れ	→	お疲れ様です
了解	→	承知しました、かしこまりました
なるほど	→	おっしゃるとおりです
参考になりました	→	大変勉強になりました
わかりましたか	→	ご理解いただけましたでしょうか

▼自分の行動（謙譲語）		
見ます	→	拝見します
説明します	→	ご説明いたします、ご説明申し上げます
受け取ります	→	頂戴します、拝受いたします
もらいます	→	いただきます、頂戴します、賜ります
断ります	→	ご遠慮申し上げます
一緒に行きます	→	一緒にうかがいます、お供いたします
伝えます	→	申し伝えます

▼仕事相手へのお願い		
見てください	→	ご覧ください、ご高覧ください
教えてください	→	ご教示ください
連絡してください	→	ご一報ください
受け取ってください	→	ご査収ください
力を貸してください	→	お力添えいただければ幸いです
体を大切にしてください	→	ご自愛ください

③正しい敬語を使えばそれで良い？

敬語を使えばそれで良いかというと、そうではありません。尊敬語にしても謙譲語にしても、本当に相手を敬う気持ちを込めて話さないと、失礼な雰囲気が出て、かえって相手に不快感を与えます。きちんと心を込めて話しましょう。

④「二重敬語」に注意

敬語は過剰に使うことで、誤りになってしまうケースがあります。そのひとつが「二重敬語」です。たとえば「話す」という言葉を尊敬語にすると、「おっしゃる」や「お話しになる」ですが、「お話しになられる」と２つの言い方を混ぜている人が見受けられます。失礼ではありませんが、敬語表現は１つだけ使うのが正しく、２つを重ねる「二重敬語」は敬語の誤りとされています。

二重敬語の例

正しい使い方	二重敬語
おっしゃった○	×おっしゃられた
ご覧になりますか○	×ご覧になられますか
召し上がった○	×召し上がられた
おまたせしました○	×おまたせ申し上げました
お見えになりました○	×お見えになられました
おいでになりました○	×おいでになられました
お引き受けします○	×お引き受けさせていただきます
社長がご指摘になった○	×社長がご指摘になられた
部長がお帰りになりました○	×部長がお帰りになられました

⑤相手に謙譲語を使ってはいけない

尊敬語を使うべき相手に謙譲語を使うことも、よくある間違いです。たとえば、「ご覧ください」と言うべき相手に、「拝見してください」と言うのは失礼です。以下に間違いやすい例を挙げましたので、参考にしてください。

正しい使い方	間違った使い方
お持ちになっていらっしゃいますか○	×持って参りましたか
お待ちください○	×お待ちしてください
社長がおっしゃったのは○	×社長が申されたのは
お越しになったら○	×参られたら
あちらでお尋ねいただけますか○	×あちらでうかがっていただけますか

⑥社外の人と話すときに注意すること

敬語に慣れていないと間違えてしまいがちなのが、社外の人と話すときに、社内の上司や同僚に対して尊敬語を使ってしまうことです。たとえば、電話で「Ａさんはいらっしゃいますか？」と聞かれたとき、「Ａさんはただ今、外出されています」と身内に尊敬語を使うのは間違いです。「Ａはただ今、外出しております」というように謙譲語に直しましょう。また、社外の人と話すときは、身内は呼び捨てにするのが正しいマナーです。「Ａさんは」「Ａ部長は」と敬称や役職を付けるのは間違いです。

Manners Column

クッション言葉を使いこなそう

敬語ではありませんが、覚えておくと良いのが「クッション言葉」です。何かを断らなければならないときなど、そのままストレートに言うと失礼に聞こえたり、冷たい印象を与えることがあります。そのようなときは、クッション言葉を入れると、その印象を和らげることができ、相手に不快感を与えません。

たとえば「何かを断るとき」は、「お受けできません」と言うより、「申し訳ございませんが、お受けできません」とひとこと加えた方が、表現がやわらかくなります。その他にも以下のようなクッション言葉を使いこなしましょう。

クッション言葉の例

▼お願いするとき

恐れ入りますが

お手数ですが

ご面倒（ご迷惑）をおかけしますが

差し支えなければ

（ご都合が）よろしければ

▼話しかけるとき

お忙しいところ、申し訳ございませんが

▼断るとき

申し訳ございませんが

失礼とは存じますが

マナー
13 電話

●相手に好印象を与える電話のマナーとは？

ビジネスでも電話で話す機会は以前よりも大幅に減りました。しかし、今でも電話は仕事をするうえでは、取引先やお客さまとの重要なコミュニケーションツールとして欠かせないものです。電話のビジネスマナーもしっかり身に付けましょう。

①電話応対は積極的に

ビジネスシーンでは、取引先やお客さまから会社に電話がかかってくることがあります。また緊急時などに、外出先から電話をかけざるを得ない場合もあります。

若い人の中には、電話に対し、苦手意識を持っていて、受話器を取らないようにしている人もいるようですが、場数を踏めば慣れるものです。

新人のうちは、怖がらずに、積極的に電話に出てみることが大切です。経験を重ねることで、自信が付いてきます。電話に率先して出ると、取引先を覚えられますし、相手から覚えてもらえるメリットもあります。

②電話の基本的な受け方を覚える

ビジネスで電話を受けるときは次のような基本マナーがあります。

まずは会社で電話を受けるとき。聞いた内容を書き留められるように、電話を受けるときは手元にメモを置くことを忘れないようにしましょう。

相手を待たせないよう、着信音が2～3コール以内に出るのが基本とされています。会社によって、何コール以内で、とルールが決められている場合がありますので確認しましょう。相手がどこにかけたか確認できるように「はい、◯◯社でございます」と会社名を名乗りましょう。

「Aさんはいらっしゃいますか」と聞かれた場合、「Aでございますね」と復唱をし、Aさんが席にいれば「少々お待ちください」と取り次ぎます。こちらの声が聞こえないよう、保留ボタンを押すのを忘れないようにしましょう。

もし席にいなければ「ただ今、席を外しております」「本日は休暇を取っております」などと状況を伝え、「席に戻りましたら（◯日に出社しましたら）、Aから折り返しお電話を差し上げましょうか？」とたずねます。そのときは、必ず相手の会社名と名前、電話番号を聞いておきましょう。

不在の人に渡す伝言メモには「日時、相手の会社名・名前、電話番号、かけ直す必要があるか、（あれば）伝言、自分の名前」を書き留めます。次ページの電話応対の基本的なステップを参考にしてください。

③聞き返したら失礼？

電話を受けたとき、相手が名前を名乗ったものの、聞き逃してしまうことがあります。その際には、「聞き返したら失礼」と思うかもしれませんが、「申し訳ございません。もう一度お名前をうかがえますでしょうか」と丁寧に聞けば問題ありません。

電話応対の基本的なステップ

はい、X社でございます。

相手を待たせないよう、3コール以内に出るのが望ましい。ただ、早く出過ぎると相手が驚くので、1コールは鳴らす。メモを用意する。

お世話になっております。Y社の佐藤と申します。

社名と名前を名乗る。

（いつも）お世話になっております。

鈴木様はいらっしゃいますか？

★鈴木さんがいる場合

ただ今、おつなぎいたしますので、
少々お待ちくださいますでしょうか。

少々お待ちください、でも問題はない。保留ボタンを押すのを忘れないようにする。

★鈴木さんが取り込み中で、電話に出られない場合

鈴木が、お待たせしてしまうので後ほどこちらから
折り返すと申しておりますが、よろしいでしょうか？

★鈴木さんが外出している場合

鈴木はただ今、外出しておりまして、16時に戻る予定です。
戻り次第、お電話を差し上げるよう、申し伝えましょうか。

「電話させます」だと乱暴なので、「お電話を差し上げます」とする。「伝えます」でも構わないが、「申し伝えます」の方がビジネスシーンにふさわしい。

★鈴木さんは席にいないが、オフィス内にはいる場合

鈴木はただ今、席を外しております。
戻り次第、お電話を差し上げるようにいたしましょうか？

★鈴木さんが休暇を取っている場合

本日、鈴木は休暇を取っております。
○日に出社しましたら、鈴木からお電話を差し上げましょうか？

「お休みをいただいています」と言いがちだが、お客から休みをもらっているわけではないので、間違い。

それでは、折り返し、お電話をいただけますでしょうか？
（もしくは「また、こちらからおかけ直しいたします」）

お客さまに電話をするなど、場合によっては折り返し電話を求めるのは失礼なこともある。その場合はこちらからかけ直す、と言おう。

念のため、お電話番号をおうかがいしてもよろしいでしょうか？

名前を忘れてしまっていたら「申し訳ございませんが、お名前をもう一度おうかがいしてもよろしいでしょうか」と聞き返しても良い。「頂戴できますでしょうか」は誤用。

電話番号は＠＠ー＠＠ー＠＠です。

復唱させていただきます。

聞き間違いのないように、番号を聞いたら、社名・名前・電話番号を復唱する。

ご伝言を承りました。私は○○と申します。

責任を持って伝言を伝えることを示すために、名を名乗る。

失礼いたします。

相手がお客さまだとしても、かけた方から切って良い。

失礼いたします。

かけた相手より先に切ってはいけない。受話器を乱暴に置くと相手にその音が伝わることがあるので、受話器を持っていない方の手でそっと切る。

④携帯電話は静かな場所からかける

外出先から携帯電話でかけるときに気を付けたいのは「静かな場所に移動すること」です。

電車のホームのような騒がしい場所から電話をかけると、お互いの声が聞き取りにくくなります。また、会話を誰かに聞かれて、会社の機密情報が漏れてしまうなどによって、大きな損害に発展することもありえます。店の中や電車の中では電話をしないのがマナーです。必ず店の外に出る、あるいは電車から降りたあとにかけ直しましょう。

⑤電話の基本的なかけ方を覚える

相手のオフィスに電話をかけるときは、こちらの社名と自分の名前をきちんと名乗り、「お世話になっております」とあいさつをします。そのあとに、「○○様はいらっしゃいますでしょうか？」と用件のある相手への取り次ぎをお願いしましょう。

大切なのは、明るくハキハキと話すこと。暗いトーンでボソボソと話すと、相手に話が伝わりません。伝えたい内容が伝わらず、誤解を招くこともあります。

用件を手短にわかりやすく伝えるためには、電話をかける前に、何を話すか、準備をすることが大切です。必要な資料があれば用意します。もし何か資料を見てもらいながら話した方が良い場合は、電話をする前にメールなどで送っておきます。

⑥携帯電話にかけるときには「今、よろしいでしょうか?」と確認を

相手の携帯電話にかけたとき、相手が電話に出たとしても、すぐに用件を話し始めるのは避けましょう。あいさつをして会社名と名前を名乗り、「今、よろしいでしょうか？」と相手の状況をたずねます。

「電話に出たのだから、話ができる状態だろう。そこまで気を遣わなくていいのでは？」と思うかもしれませんが、相手が「移動中だけど、ひとまず電話を取った」「電話を取った途端に来客があった」ということもありえます。

相手が名前を名乗らなかった場合は、「○○様の携帯電話でよろしいでしょうか？」と必ず確認しましょう。いきなり用件を話し始めたら、かけ間違いで「見ず知らずの人だった…」ということもあるからです。

⑦途中で電話が切れた場合

もし途中で電話が切れてしまったら、かけた方からかけ直しましょう。つい忘れがちですが、電話はかけた方に電話料金が発生します。電話を受けた方にかけ直してもらうと、受けた方が電話料金を負担することになってしまい、迷惑をかけてしまいます。

また、電話が切れたときは、相手の電波状況やミスで切れたと思っても、もしかすると、こちらの問題かもしれません。どちらが原因かわからないので、「先ほどは電話が切れてしまい、失礼いたしました」と謝るのがマナーです。

ちなみに電話を受けた方が、自分の用件を話しだすときに「いただいたお電話で恐縮ですが…」と言うことがありますが、これは「自分の用件であるにもかかわらず、電話料金をご負担いただいて恐縮です」という意味が込められています。

⑧電話に出られなかったら即かけ直す

相手からかかってきた電話に出られなかった場合は、できるだけ速やかにかけ直しましょう。相手が「こちらから、かけ直す」と留守電を入れていたとしても、かけ直すのは失礼ではありません。ただし、いくら急いでいるからといって、騒がしいところからかけ直すのは避けましょう。

⑨なぜ電話を切るのは「かけた方」から?

電話を切るのは、相手がお客さまかどうかに関係なく、かけた方から切るのが基本マナーです。電話をかけた方に、会話の主導権があるからです。

電話を切るときは、受話器を直接、電話機に戻すと、その音が相手に大きく伝わり、乱暴に聞こえることがありますので、避けましょう。

受話器を持っていない方の手で、フックをそっと押さえて切ってから、受話器を戻します。

⑩社内の人間に敬語を使わない

電話だけの話ではありませんが、「○○さんはただ今、外出されています」と、社内の者に敬称を付けたり、尊敬語を使うのは誤りです。「○○はただ今、外出しております」など「身内は呼び捨て」にして、「謙譲語」を使うのが正しいマナーです。

⑪FAX の使い方も知っておく

インターネットの普及によってFAXを使う機会はめっきり減りましたが、業種によっては、まだまだFAXを使用しているところもありますし、お客さまがFAXを望まれることもあります。使い方を押さえておきましょう。

FAXを送るときは、1枚目に送付状を付けましょう。送信先（社名・部署名・名前、電話番号、FAX番号）、発信元（名前、電話番号、FAX番号）、件名、送信枚数を記載します。職場に送付状のテンプレート（ひな型）がある場合は、それを使いましょう。

FAXは番号を誤って送信しないように、送信ボタンを押す前にもう一度、番号を確認しましょう。送信後は、FAX機の送信履歴を確認するだけでなく、送信先に電話をして、受信できたか確認した方が確実です。

マナー14
メール・チャット

●相手を気遣ったコミュニケーションを

今やビジネス上のコミュニケーションツールとして欠かせない、メールとビジネスチャット。いかにスマートに使いこなせるかは、もはや、重要なビジネススキルのひとつと言えそうです。

①適切な方法を使い分ける

電話やFAXに代わってメールやビジネスチャットがコミュニケーションのメインツールとして定着してきました。SlackやChatworkなどのビジネスチャットは「短文でやり取りができて効率的」と多くの企業で急速に普及しています。

これらは非常に便利ですが、それぞれ長所と短所があります。電話や対面なども含めて、状況や用途に合わせて適切に使い分けることが大切です。

たとえば、簡単なメッセージや情報共有ならメールやチャットでも良いのですが、複雑な相談ごとは対面の方が適しているでしょう。電話は「仕事のペースを乱される」と嫌がる人もいますが、緊急で連絡を取りたいときなどは電話が適している場合もあります。

また上司や取引先によって、好むツールが違うこともあります。たとえば取引先が電話を多用するなら、こちらも電話を使った方が、コミュニケーションが円滑になるはずです。

②「相手は忙しい」と意識する

メールやチャットをするときには、「できるだけ相手にコミュニケーションの手間をかけさせないようにすること」を心がけます。

上司も取引先も、仕事でかかわる相手は、皆、忙しい日々を過ごしています。メッセージの内容がわかりにくかったり、何度もメッセージを送ったりすれば、余計な手間をかけさせることになり、迷惑をかけてしまいます。反対に、自分がそのような目にあったら、「時間を取られてしまった」と残念な気持ちになるでしょう。ビジネス上のメールやチャットは、相手の状況を想像した気遣いが必要です。

③短時間で読める、わかりやすい文章を書く

相手に手間をかけさせないために大切なことは、「短時間で読める、わかりやすい文章を書く」ことです。

「ビジネスメール実態調査2021」（一般社団法人日本ビジネスメール協会）によると、ビジネスメールがうまいと感じた内容の１位は「文章が簡潔でわかりやすい」（75.21％）でした。

右のページにあるのは、OKとNGの例です。ほとんど同じ内容ですが、NG例は長い文章でつながり、改行もなく、読みづらくなっています。キーワードは、シンプル＆コンパクト。文章は短く切り、一文一意が基本。複数のことを伝えるときには箇条書きを使って端的にまとめましょう。

④メールの送信先

メールの送信先には次の3種類があります。特徴を理解して、目的によって使い分けましょう。

TO　：メインの送信対象。必ず読んでほしい人を入れる。

CC　：カーボンコピー（Carbon Copy）の略。メールのやりとりを共有したい、参考までに読んでほしい人を入れる。

BCC：ブラインドカーボンコピー（Blind Carbon Copy）の略。
他の受信者にメールアドレスを表示させずに送信できる。
複数の取引先へのメールや一斉送信メールなどに使用する。

〈OKの例〉

いつもお世話になっております。
▲▲社の鈴木です。

Aプロジェクトにつきまして、
次回のお打ち合わせの日程についてご連絡いたします。
以下の日程をご提案いたします。
○○様のご都合の良い日時をご指定いただければ幸いです。
・3月30日（月）13時～14時
・3月31日（火）13時～14時
・4月1日（水）15時～16時
場所：弊社にて
何卒、ご検討いただきご返信くださいますようよろしくお願いいたします。

〈NGの例〉

いつもお世話になっております。
▲▲社の鈴木です。

Aプロジェクトの件ではいつも大変お世話になっております。さて、Aプロジェクトの件で、お打ち合わせをさせていただきたくご連絡させていただきました。弊社で打ち合わせをできればと思うのですが、よろしいでしょうか。

日時の件ですが、3月30日（月）13時～14時か、3月31日（火）13時～14時、4月1日（水）15時～16時のいずれかの日にお願いさせていただければと考えております。○○様のご都合の良い日時をご指定いただければ幸いです。○○様のご都合はいかがでしょうか。恐れ入りますが、ご検討のほど、よろしくお願いいたします。

⑤できるだけ早く返信し、待たせない

メールやチャットでメッセージが送られてきたら、できるだけ早く返信しましょう。相手を待たせることで、相手の仕事の進捗が遅れ、結果的に自分の仕事にも影響することになります。

とはいえ、こちらも仕事がありますから、いつでも即、返信というわけにはいきません。返信スピードの目安はどれぐらいでしょうか。日本ビジネスメール協会のデータによると、「いつまでに返信が来ないと遅いと感じるか（急ぐ場合をのぞく）」という質問に対し、最も多かった回答は「24時間以内」で45.26％、次が「２日以内」（20.45％）で、24時間以内に返信がないと半数以上の人は遅いと感じています。

上司の確認が必要なことや検討を要することなら、すぐに「検討の上、あらためてご連絡申し上げます」とだけでも返せば、相手もメールが届いたことがわかります。「明後日までにはご回答いたします」と回答時期の目安も伝えれば相手も今後の見通しが立ちます。

⑥メールは件名を明確に書く

メールの件名は、ひと目見て、何について書かれているか、わかるようにしましょう。「先日の件」「おはようございます」「○○社の××です」のようにシンプル過ぎるのはNGです。このように、メールを開けてみないと内容がわからないメールは、相手が見落としたり、返信が遅れたりする恐れもあります。また、件名がシンプル過ぎると、後々、相手も自分も検索するときに不便です。

またメールのやり取りが続いたとき、件名と異なる内容のメールを送るときは、件名を変えましょう。案件Ａに関するメールに、無関係の案件Ｂの話を書くと、後日、案件Ｂについての情報を確認したいときに検索しにくくなり、相手が混乱します。

〈件名の例〉

○　【Aプロジェクト】お打ち合わせ日時の件
○　「Bサービス」お見積書をお送りいたします（C社・佐藤）

×　「A社の鈴木です」
×　「ご連絡」
×　「おはようございます」

○の件名はひと目見て用件がわかるのに対し、×の件名は用件がまったくわからないので、重要なメールであっても、見落とされる可能性があります。件名は用件がわかるように書きましょう。

⑦ビジネスチャットは無機質にならないよう注意

SlackやChatworkなどのビジネスチャットの長所は、他の連絡ツールよりもスピーディにやり取りができることです。余計なあいさつや肩書などは省いて良いとされていて、短文で素早くやり取りができます。

ただし、メッセージがぶっきらぼうに見えたり、冷たく見えたりすることがあるので注意しましょう。

誤解を防ぐ方法として活用したいのは「リアクション」です。リアクションとは、「いいね」「了解」などの意味を示した絵文字を使って、返事をする機能です。「ビジネスのやり取りで絵文字を使っていいの？」と思うかもしれませんが、ビジネスチャットのリアクションはメッセージのやり取りを極力減らす目的でつくられており、基本的には積極的に使っても良い機能です。ただし、企業によってはリアクションの使用を奨励していないこともあるので確認が必要です。

⑧関係者以外にメッセージを送らない

取引先とメールのやり取りをするとき、上司や関係者をCC（写し）

で入れるべきか迷うことがあります。CCで入れるのは情報を共有するためですが、「メールの量が増えてわずらわしいので入れなくてよい」と考える人もいます。人によって考え方が異なるので、自分で判断しないで、上司に確認しましょう。ただしCCに送り先が含まれているメールは、CCから送り先を勝手に外さずに返信します。

ビジネスチャットに関しては、基本的にスレッド（会話のグループ）内にいるメンバー全員がメッセージを見られるので、メッセージ通知が増えがちです。Slackなら「@everyone」、Chatworkなら「TO ALL」を選ぶことで、そのグループ全員に通知を送れますが、何でも全員に通知を送ると迷惑になることがあります。

Slackの公式ブログでは、「大切なマナー」として、「本当に必要なとき以外は、大勢に通知を送らないようにすること」と述べています。全員に送るのは必要なときだけにしましょう。

⑨メールの返信がないときは、まず自分の送信ミスを調べる

取引先に返信をしてもらう必要があるメールを送ったものの、何日経っても返信がないことがあります。考えられる原因は、3つあります。

1. **自分の送信ミス(宛先間違いや送信忘れなど)**
2. **相手が返信していない（メールを見落としている、返信内容が決まらず悩んでいるなど）**
3. **メールシステムの問題（メール送信システムのトラブルで送受信できていない、あなたのメールが相手の迷惑メールフォルダーに入ってしまい相手が気付いていないなど）**

返信がないときは、まず自分の送信ミスがないかを調べてから、取引先に確認のメールを送りましょう。

原因は相手にあるのか、メールシステムにあるのかわからないので、

「一昨日メールを送信したのですが、届いておりますでしょうか」とメールシステムのトラブルを確認します。それでも返信がない場合は、電話で確認を取りましょう。

メールソフトの機能で、相手が開封したときに自動的に返信が来る「開封確認メール」がありますが、これは頼りにしない方が良いでしょう。相手のメールシステムによっては開封確認メールが届かないことがあるからです。また、「監視されている」と不快に感じる人もいます。

⑩深夜や休日にメール・チャットを送らない

「忘れないうちに」と、深夜や休日にメールやチャットを送る人がいますが、避けるべきです。「深夜や休日にまで仕事をしなくてはいけないのか」と感じる人もいます。

フランスでは、2017年に、従業員50人超の企業に対して、「就業時間外に業務メールの送受信をしてはいけない」とする法律ができたほどです。

日本でも、会社によっては、従業員の労働時間管理として業務時間以外のパソコンへのアクセスなどを記録し、長時間労働やサービス残業を防止するようにしています。そうしたルールがなくても、業務時間外には、よほど急ぎでない限りメールを送らないようにします。

メールやチャットには、送信する日時を指定し、送信予約する機能があります。メールの送り忘れを防ぐには、こちらを使いましょう。

【参考URL】

ビジネスメール実態調査

https://businessmail.or.jp/research/

マナー

15 ビジネス文書

●日報や報告書、見積書、お礼状。ビジネス文書の基本を知ろう

ビジネスシーンでは、社内外向けにさまざまな文書を書く機会があります。社内文書は業務日報や報告書、稟議書、申請書など。社外文書は見積書や提案書、事業開始やイベント開催などの案内状、社長や組織変更などのあいさつ状、お礼状、お詫び状などがあります。戸惑わないように、ビジネス文書のイロハを知っておきましょう。

①すべてのビジネス文書は「簡潔にわかりやすく」書く

社内外を問わず、ビジネス文書には共通のマナーがあります。それは「簡潔にわかりやすく」書くことです。仕事中は、複雑で回りくどい文章を読んでいる余裕はありません。ビジネス文書のテンプレート（ひな型、定型書式）を使用するのが良いでしょう。テンプレートは会社によって異なります。会社の指定のテンプレートを使用しましょう。また、前例を参考に書くのも良いでしょう。前例がない場合は上司の判断を仰ぎます。具体的には以下の点を意識しましょう。

【1】目的は何か、を考えて書く

サービス開始の案内状なら「お客さまにサービスの存在を知ってもらい、利用してもらう」、社内の報告書なら「簡潔に報告内容を伝える」など、ビジネス文書には必ず目的があります。それを意識しましょう。

【2】ひとつの文書にひとつの用件だけを書く

たとえば、案件Aと案件Bをひとつの報告書で報告すると、読み手が混乱する恐れがあります。

ビジネス文書の例

令和３年 11 月 20 日

Ａ株式会社
総務部　Ｃ様

株式会社ｘ
広報部　Ｙ

新製品「ｚｚｚ」発表会のご案内

拝啓　晩秋の候、貴社ますますご清祥のこととお喜び申し上げます。平素は、格別のご厚情を賜り、厚く御礼申し上げます。

さて、この度、弊社では、新製品「ｚｚｚ」を発売いたすことになりました。

つきましては、「ｚｚｚ」の製品発表会を、下記日程にて開催いたしますので、ご案内申し上げます。

ご多忙中とは存じますが、ぜひご来場賜りますよう、お願い申し上げます。

なお、ご不明な点がございましたら、お気軽にお問い合わせください。

敬具

記

日　　時	令和４年１月 14 日（金）　午後７時～午後９時
会　　場	Ｄ県ビジネスセンター　１階　ホール
	Ｄ県Ｅ市Ｆ町１－１－１
	（ＪＲ◯◯線「Ｇ」駅東口徒歩３分）
	電話番号 00-0000-0000
問い合わせ先	株式会社ｘ
広　報　部	Ｙ
電話番号	00-0000-0000
メールアドレス	△△@△△.com

以上

【3】結論から書く

結論を書かずに、前置きを長々と書くと、読みにくいだけでなく、読み手が混乱することがあります。

【4】できるだけＡ４用紙１枚にまとめる

複数枚にまたがると、読み手に負担をかけることになります。できるだけ文章量を減らしましょう。

【5】複数の項目がある場合は、箇条書きを使う

多くの項目を伝えたい場合は、箇条書きを使いましょう。伝えたいことの整理ができますし、読み手にとって読みやすいだけでなく、頭に入りやすくなります。図表を使うのも良い方法です。

②あえてアナログな手紙を送る意味とは?

デジタルツールが普及し、手紙を送る機会が少なくなっていますが、ビジネスの現場ではアナログなビジネスレター(手紙)を送る機会はまだあります。なぜデジタル全盛の時代に、手紙を送る必要があるのでしょうか。その理由は「メールと比べて誠意を伝えやすいから」です。また、資料や商品サンプルを送るときに、一筆箋やポストイット（のり付きの付箋）などでちょっとした手書きのメッセージを付けることもあります。こうしてアナログにすることで、人間味が生まれ、お客さまに親近感を持っていただく効果もあります。

③フォーマルなビジネスレターは封書が基本

手紙には、封書とはがきがあります。お詫び状や案内状などの内容は封書で送るのが基本です。お礼状に関しては、最近はポストカード(絵はがき)を使う人もいますが、目上の人に送る場合は、封書の方が良いでしょう。また、関係者以外には、目に触れさせたくないビジネスの情報が書かれているなら、迷わず封書を選んでください。

④宛名を書くとき、敬称はひとつで良い

手紙の宛名を書いたことは誰でもあると思いますが、ビジネスレターを書くうえでのルールがあるので、覚えておきましょう。

以下がその一例です。ポイントは「敬称はひとつで良い」ことです。社名だけの場合は「御中」ですが、相手の名前を入れるときは「様」を付け、社名には御中を付けません。

また、「代表取締役」や「部長」などの肩書は、名前の前に入れます。株式会社は（株）と略さず書くのが、礼儀とされています。

〈宛名の例〉

100-0000
東京都千代田区○○１－２－３
△△ビルディング12Ｆ
株式会社　▽▽社 御中

100-0000
東京都千代田区○○１－２－３
△△ビルディング12Ｆ
株式会社　▽▽社
代表取締役社長　鈴木　三郎 様

⑤「頭語」と「結語」、ビジネスシーンでの正解は？

手紙には、いくつかの決まりごとがあります。そのひとつが「頭語（とうご）」と「結語（けつご）」を付けることです。「頭語」は書き出し、「結語」は締めに使います。この２つは組み合わせが決まっています。

ビジネスシーンで最も多く用いられるのは「拝啓」と「敬具」です。経営陣の交代のお知らせや周年記念・株主総会のご案内などのかしこまった内容の手紙なら「謹啓（謹呈）」、結語は「謹白（謹言）」を用いるのが適切です。「前略」「草々」の組み合わせはカジュアルなので、ビジネスシーンでは使いません。

頭語と結語の組み合わせ

	頭語	結語
一般的な手紙	拝啓	敬具（敬白）
フォーマルな手紙	謹啓	謹白（謹言）
カジュアルな手紙	前略	草々

⑥季節に合わせた「時候のあいさつ」を入れる

頭語のあとに季節に合わせた「時候のあいさつ」を入れるのも、手紙の決まりごとのひとつです。

基本の文章は「謹啓、〇〇の候、貴社ますますご□□のこととお喜び申し上げます。」

〇〇には季語を入れます。ただし「時下、ますますご□□のこととお喜び申し上げます。」というように、季語を入れないで「時下」で済ませても、問題ありません。ちなみに「時下」とは「現在、ただ今」などの意味があります。

□□には相手の会社が繁栄していることを喜ぶような言葉を入れます。以下を参考にしてください。

〈季語の例〉

1月：新春の候　　7月：盛夏の候
2月：立春の候　　8月：晩夏の候
3月：早春の候　　9月：初秋の候
4月：桜花の候　　10月：秋晴の候
5月：青葉の候　　11月：晩秋の候
6月：初夏の候　　12月：師走の候

〈あいさつ文に入れる言葉の例　※□□の部分〉

ご隆盛、ご繁栄、ご清栄、ご清祥

⑦お礼状は自分の言葉で書く

「初めての面談の機会をいただいたとき」「交流会などで名刺交換をさせていただいたとき」など、感謝の気持ちを伝えたいときは、お礼状を送りましょう。以下がその一例です。単に時間を割いていただいたお礼だけでなく、交わした会話の中で感じたこと、今後の意気込みなどを自分の言葉で書くと、より誠意が伝わる手紙になります。

お礼状の例

令和○年○月○日

株式会社△△
代表取締役社長
佐藤一郎様

株式会社 ××
山田太郎

拝啓　立春の候、貴社ますますご清栄のこととお喜び申し上げます。

先日は、貴重なお時間をいただきまして、誠にありがとうございました。佐藤社長の事業に対するお志をおうかがいし、私も身が引き締まる思いでした。

貴社のビジネスに貢献できるよう、努力して参りますので、今後ともよろしくお願い申し上げます。

敬具

⑧お詫び状は「原因」「解決策」「今後の対策」を書く

お客さまや取引先にお詫びをする必要があるとき、基本は、直接訪問してお詫びをしますが、場合によっては、お詫び状を書くこともあります。たとえば「ご購入いただいた商品が不良品で、すぐに代わりの商品を送る」というケースでは、右のようなお詫び状を同封しましょう。

ただお詫びするだけでなく「不手際があった原因」「解決策」「今後の対策」などを伝えると、真剣に受け止めている姿勢を示すことができ、お客さまにも納得していただきやすくなるでしょう。原因については、長々と書くと言い訳がましくなるので、簡潔にまとめます。時候のあいさつは書かずに、すぐにお詫びの文章に入りましょう。

お詫び状の例

令和○年○月○日

株式会社△△
代表取締役社長
佐藤一郎様

株式会社 ××
山田太郎

商品Ａの不具合についてのお詫び

拝啓　時下ますますご清祥のこととお喜び申し上げます。

平素は格別のご愛顧を賜り、誠にありがとうございます。
　さて、この度は、6月1日に納品いたしました「商品Ａ」に不具合がありました旨、誠に申し訳ございませんでした。深くお詫び申し上げます。
　代替の商品を同封させていただきましたので、何卒、お納めくださいますようお願い申し上げます。
　原因を調査しましたところ、梱包作業に問題があることがわかりました。
　弊社では、商品の管理及び出荷前の検品について厳重な検査体制を整えておりましたが、あらためて一連の作業を見直す所存です。再発防止のため、関係者一同、業務改善に鋭意努力いたす所存です。

　この度の件につきましては、ご寛容いただけますよう何卒お願い申し上げます。

　取り急ぎ、書中をもって、お詫び申し上げます。

敬具

記
商品Ａの代替品　1個

以上

マナー16

席次

●訪問先や宴席で迷わないために

取引先の会議室や、移動中に上司と乗ったタクシーなどで「どの席に座れば良いのか」と迷うことがあります。かつてほど、厳しく言われることはなくなりましたが、どのような場所にも席次（座席の順序）はあります。必ず覚えておきましょう。

①「上座・下座」の意味とは?

上座（かみざ）・下座（しもざ）という言葉があります。上座とは目上の方やお客さまが座る席、下座は上座に座る人をおもてなしする席を指します。その場の上下関係において、上の人が上座に着き、下の人が下座に着くという慣習を「席次」といいます。また、上座は上席（じょうせき）、下座は末席（まっせき）ともいいます。

応接室、会議室、レストラン、新幹線やタクシーなどの乗り物、エレベーターなど、すべての場所には席次があります。

②入り口から遠い場所が「上座」と覚えよう

ビジネスシーンで、席に座る必要があったとき、自分はどこに座り、大事なお客さまにどの席を勧めるのが良いでしょうか？　覚えておきたいのが、どのような場所でも基本は「入り口から遠い場所が上座であること」です。入り口は、人の出入りも激しく、落ち着かないものです。そこから最も離れた場所は、最も落ち着ける場所であるからです。まずはこの原則を頭に入れておきましょう。

③応接室での席次

具体的なシーンで席次を見ていきましょう。

応接室では、出入り口から遠い場所が上座の基本です。下の図の番号の順番は席次を上座から順に表しています。

訪問先で下座に座ろうとしたら、「どうぞこちらの席へ…」と別の席を勧められることがあります。その場合は、上座であっても勧められた席に座るのがマナーです。自分がお客さまを迎える場合は上座を勧めましょう。

応接室の席次図例・1

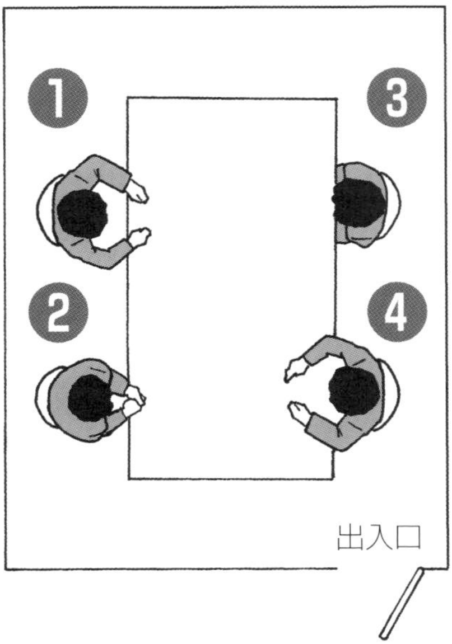

応接室の席次図例・2

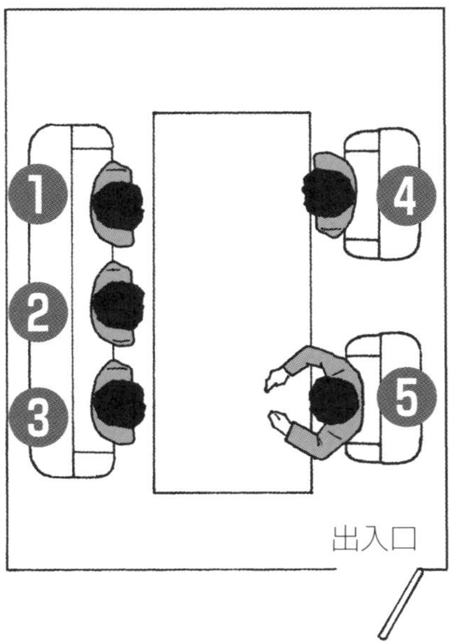

※3人掛けソファの席次にはさまざまな考え方があります。まずは、イラストのように奥の上座から順番に座る。または、車や電車の3人掛けの席次と同じで中央を下座とする、などです。状況に応じて、臨機応変に対応しましょう。

④ソファのタイプにも席次がある

P75 図例・2のように、応接室に長椅子のソファが配置されている場合を考えてみましょう。

３人掛けの長椅子ソファと１人用の肘掛け椅子が配置されています。

肘掛けがついている方が「何だかエラそうだから上座かも…」と思いがちですが、足を伸ばしてリラックスできるのは長椅子ソファです。

ここでも「最も落ち着ける場所」が基本ですので、長椅子は１人掛けソファよりも上という席次（上座）になります。

覚えておくと、臨機応変に対応できます。

⑤レストランや和室の席次は

レストランのテーブル席でも、席次の考え方は変わりません。最も居心地の良い席が上座です。お客さまや上司など目上の方は、なるべく出入り口から遠い席にご案内します。ただし、床の間のある和室は、床の間の前が上座になり、見晴らしの良い窓がある店などでは、景色が見える席が上座になります。こうしたルールに縛られず、目上の人に「どちらの席がよろしいですか？お好きな席にお座りください」と伝えても良いでしょう。「本人が最も落ち着ける席」が一番です。

⑥タクシーや新幹線にも席次はある

乗り物にも席次はあります。たとえばタクシーは、後部座席の運転手の真後ろが最上座です。最も安全性が高い場所だと言われているからです。次は助手席の真後ろ、３人で座るなら中央がその次で、助手席が最下座です。

新幹線や特急のボックスシートでは、景色を眺めやすい進行方向を向いた窓側の席が上座です。次は、進行方向とは反対の窓側の席、進行方向を向いた通路側の席、進行方向とは反対の通路側の席、の順になります。

ただし、人によって居心地の良い場所が異なることもあります。タクシーなら「降りやすい後部席の左側が良い」、新幹線なら「窓側よりトイレに行きやすい通路側に座りたい」という方も少なくありません。上司や取引先と乗る場合は「窓側のこちらの席でよろしいですか？」などと、ひとこと添えて確認するのが良いでしょう。

タクシーの席次

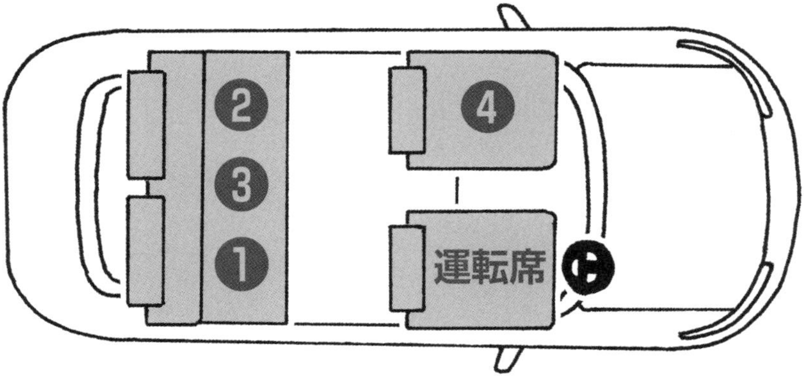

⑦エレベーターで目下の人が立つ場所とは

エレベーターにも席次はあります。外から出入り口に向かって左奥が上座、操作盤の前が下座です。操作盤の前が下座である理由は、乗り降りの際に「開閉」や階数のボタンを押す仕事があるためです。つまり目上の人とエレベーターに乗ったら、すばやく操作盤の前に立ち、降りる階に着くと共に「開」ボタンを押して、目上の人が降りるのを待つのが、適切な所作です。

第2章 章末問題

問題6

取引先との商談のため、取引先を訪問することになりました。以下は、訪問する際の服装についての記述です。適当と思うものを**すべて**選びなさい。

1）清潔感がある。
2）サイズが合っている。
3）スーツやワイシャツにはしわがない。
4）個性が際立つようなデザインである。

解答6

答えは1）と2）と3）

1）ビジネスはスーツスタイルで、という前提が変わってきました。クールビズの普及でカジュアルスタイルが広く浸透してきたからです。ただし、スタイルが多様になっても変わらないマナーは「清潔感のある身だしなみ」を心がけることです。不潔であったり、だらしなく見える身なりは避けましょう。2）サイズが合っていることで、きちんとした印象を与える着こなしになります。極端なオーバーサイズや窮屈すぎる服は避けましょう。3）きれいに洗濯した服を着るのはもちろん、しわなどにも注意しましょう。4）ビジネスの場では、必ずしも服装によって個性を際立たせる必要はありません。

問題7

お客さまが来社することになりました。お客さまに対し、あなたの会社に到着した際、あなたを呼び出し、待ってもらうように伝える必要があります。(ア)～(エ)に当てはまる適当な敬語を、1)～8)の中から選びなさい。

受付まで(ア:「来た」という意味)ら、
内線電話で私を(イ:「呼び出す」という意味)。
ロビーでおかけになって(ウ:「待つ」という意味)。
担当の者が(エ:「迎える」という意味)。

1) おいでになられました
2) いらっしゃいました
3) お呼び出しください
4) 申し上げてください
5) お待ちください
6) お待ちしてください
7) お迎えに上がります
8) 出迎えてくださいます

解答7

答えはア=2)、イ=3)、ウ=5)、エ=7)

1)は二重敬語です。「おいでになりました」なら問題ありません。6)は相手に謙譲語を使っているので誤りです。8)は担当の者に敬語を使っているので、適切ではありません。

問題8

取引先からA部長宛に電話がかかってきましたが、A部長は外出中です。A部長が外出中であることを伝えるときの返答として、敬語の使い方が適当と思うものを1つ選びなさい。

1）「A部長はただ今、外出されております」
2）「Aはただ今、外出しております」
3）「A部長はただ今、外出しております」
4）「Aはただ今、外出されております」

解答8

答えは2）

電話に限らず、社外の人と話すときは、社内の人間に対して尊敬語や謙譲語を使わないのがマナーです。1）や4）のように「外出されております」と尊敬語を使うのは誤りです。また、「○○社長」や「○○課長」と役職を後ろに付けて呼ぶのも、社内の人間に尊敬語を使っていることになります。役職は付けずに呼びます。

問題9

ビジネスで使用するメールやチャット、電話の使い方に関する記述として、**不適当と思うもの**を1つ選びなさい。

1）問い合わせのメールに即答できない場合は、明確に回答できるようになるまで返信をつつしむ。
2）メールの件名はひと目見て内容がわかるようにする。
3）電話は、緊急のときでなくても使って良い。
4）外出中の屋外で、携帯電話で連絡するときは、周囲が騒がしくない場所に移動する。

解答9

答えは1）

1）は、1日以上返信しないと、何らかの不具合でメールが届いていないかもしれない、失礼なメールを送ってしまっただろうかなど、相手を不安にさせることがあります。問い合わせに答えられないときでも、まずは「検討の上、あらためてご連絡申し上げます」と返信しましょう。2）メールの件名は、用件がひと目でわかり、後から検索しやすいものにします。3）緊急時に限らず、必要なときは電話を使って構いません。たとえば、伝えたい内容が込み入っていて、メールでは伝えづらい場合や相談をしたい場合などは、電話を使った方が良いことがあります。状況に応じてメールと電話を使い分ければ良いのです。

問題10

お客さまをお通しする応接室の席や会食の席には、必ず席次（座席の順序）があります。席次についての記述として、**不適当と思うもの**を1つ選びなさい。

1）「上座」は目上の人が座る席、「下座」は目下の人が座る席である。
2）エレベーターで最も上座に当たるのは「操作盤」の前である。
3）３人掛けソファと１人用の肘掛け椅子がある場合、肘掛け椅子は「下座」になる。
4）床の間のある和室の座敷では、床の間の前が「上座」である。

解答10 **答えは2）**

１）のように、上下関係によって席には順序があります。それを「席次」と呼びます。２）エレベーターで最も上座になるのは出入り口から見て左奥です。そして最下座は乗り降りのボタンを押す仕事がある操作盤の前です。３）３人掛けソファは居心地が良いため、上座となります。４)和室においては床の間の前が最上座となります。もっとも、こうしたルールに縛られず、目上の人には「どちらの席がよろしいですか。お好きな席にお座りください」とうかがうのも良いでしょう。「本人が最も落ち着ける席」が一番です。

3章 ビジネスパーソンの必須項目、スタンダード仕事術

マナー17

スケジュール管理

●職場で迷惑をかけないスケジュール管理のコツは?

頼まれた仕事は期日までに終わらせるのが社会人の基本です。自分が遅れると、後工程の人たちの仕事も遅れてしまい迷惑をかけます。仕事を期日までに終わらせるためには、スケジュール管理が不可欠です。スケジュール管理の基本を押さえましょう。

①余裕のあるスケジュールを立てる

仕事のスケジュール管理においてまず大切なことは、余裕を持ったスケジュールを立てることです。なぜなら、急に別の仕事が入ってきて、予定どおりに進まなくなることも多いからです。そうしたことを織り込まずにギリギリの予定を立てると、少し予定が狂っただけで、すべての仕事が遅れてしまいます。仕事内容にもよりますが、1日1時間程度は突発的な仕事に対応することを想定し、スケジュールを立てましょう。

②仕事を細分化すると予定が立てやすくなる

スケジュールを立てるとき、最初のうちは「ひとつの仕事にどのぐらいの時間がかかるのか」、うまく見積もれないかもしれません。

正確に見積もるコツは、仕事を細分化し、それぞれにかかる時間を考えることです。たとえば「競合先の店舗数のリストをつくる」なら、「競合先の店舗数を調べる」「エクセルにまとめる」という2つの工程に分けて、それぞれの所要時間を調べましょう。すると、予定が立てやすくなります。

さらに仕事が終わったあとに、実際にかかった時間と見比べて検証すると、より所要時間の見積もりが正確になります。

③共有カレンダーには忘れずに書き込む

最近では、職場で共通のカレンダーアプリを使い、予定を共有することが一般的になりました。そこで大切なのは、自分の予定を忘れずにカレンダーに書き込むことです。アポイントだけでなく、ひとりで作業する時間も書き込んでおきましょう。そうすることで、上司があなたの仕事の進捗状況や予定を正確に把握することができます。

④ToDo リストで仕事を管理する

仕事の中には、何カ月もかかる長期的な仕事もあれば、電話やメールなど、スケジュール帳に書くまでもない仕事もあります。それらの仕事を管理するには、スケジュール帳よりも「ToDoリスト」（やることリスト）の方が適しています。

「ToDoリスト」（やることリスト）の管理方法の例

- **手帳やスマートフォンのToDoリストアプリを利用する。**
- **やるべき仕事を、Ａ４の紙１枚に箇条書きする。**
- **やるべき仕事を付箋に記入し、手帳やデスクに貼る。**
  業務が終わったらはがす。

など

方法はどれでも構いません。

何らかの方法で、自分がするべき仕事を一覧できるようにしておけば、予定の見落としを防げます。時間を有効活用したいなら、予定と予定の間にあるスキマ時間に、ToDoリストにある仕事を終わらせるクセを付けましょう。たくさん仕事をこなす人は、例外なくスキマ時間を活用しています 。

ToDoリストの例

- ☑ 2/26 A社にTEL
- □ 2/26 B社にTEL
- □ 2/27 社内会議の資料を作成
- □ 2/27 C社にサンプルを発送する
- □ 2/28 請求書を書く
- □ 3/4 D社向けのプレゼン資料を完成させる

上は単純なToDoリストです。自分なりに管理しやすいようにアレンジしましょう。すべての仕事を書いたToDoリストをもとに、1日ごとのToDoリストをつくる人もいます。

⑤間に合わないと思ったら早めに相談する

仕事が期日までに間に合いそうにないと感じたら、できるだけ早めに上司に相談しましょう。「遅れる」とは言い出しにくいかもしれませんが、早めに相談すればするほど、上司も対処のしようがあります。

⑥他の人の力を借りたいときは、早めに依頼する

頼まれた仕事が、自分だけで完結できず、他の人の力を借りなければならないときは、何よりも先に、力を借りたい人への依頼を優先させましょう。誰でも自分の仕事を抱えていますから、自分の予定どおりに動いてくれるわけではありません。早めに依頼をかけましょう。

⑦ムダがないか定期的に見直す

たまには「やらなくてもよいこと」や「ムダな作業」がないかを見直してみることも重要です。そうすることで、「箇条書き程度で良い

プレゼン資料を、きれいにデザインしていた」など、ムダな作業の存在に気付くものです。このように、ムダな作業を削っていくことで、大事な仕事を期日までに終わらせることができるようになります。

⑧リマインダーを活用する

スケジュールの見落としを防ぐには、カレンダーアプリに付いているリマインダー機能を活用すると良いでしょう。リマインダー機能は設定した時間になると知らせてくれる機能です。仕事を始めるべき時間に設定しておけば、忘れずに済みますし、仕事が遅れているかどうかもわかります。リマインダーを設定することで、「通知が来るまでは大丈夫」と目の前の仕事に集中できる効果もあります。

マナー18 仕事の進め方

●ちょっとした意識の差が大きな差に

いわゆるマナーではありませんが、仕事の進め方には基本となる所作があります。そのような基本を意識しているかいないかで、成果には大きな違いがでてきます。周囲の評価も変わってくるでしょう。ここでは覚えておきたい仕事の進め方を紹介します。

①ホウレンソウの意味とは?

ホウレンソウは、上司や取引先と仕事上のコミュニケーションをするうえでの基本です。ホウレンソウとは、報告・連絡・相談の最初の文字を取ったもの(報・連・相)です。上司や取引先は、常に部下や発注先が手がけている仕事の進捗を気にかけているものです。こまめな進捗の報告があればその不安がなくなります。万が一遅れていたり、要望と違っていたりしても、こまめな報告があれば、早めの修正に着手できる可能性もあります。

予定が変更になった場合の「連絡」も同様です。状況を逐一伝えればスムーズに修正できるかもしれません。自分ひとりで解決できないときなどの「相談」は、早めにした方が周囲も助かります。ひとりで迷っているムダな時間を減らすことにつながり、事態が深刻化することも防げるでしょう。

②後工程は「お客さま」の意識を

ものづくりの現場では「後工程はお客さま」という言葉があります。工場の製造ラインはたいてい分業制で、作業工程がいくつにも分かれています。それぞれの持ち場で自分の作業を終えたのち、次の作業工程（後工程）へと渡されます。

「後工程はお客さま」とは、つまりバトンタッチする人のことを考えて、しっかりと抜けや漏れのないように自分の仕事をせよ、ということです。仮に自分の工程にミスや抜けがあるまま、次の工程に回すと、回されたほうの仕事が増え、不満も出ます。逆に丁寧で素早い仕事をして渡せば、好感を持たれ、評価も上がるでしょう。次第に大事な仕事を任され、成長速度も上がるはずです。「後工程はお客さま」は業種や職種を問わず、覚えておきたい言葉です。

③PDCA サイクルを意識しよう

最もスタンダードなマネジメント手法ともいえるのが「PDCAサイクル」です。

PDCAサイクルのイメージ図

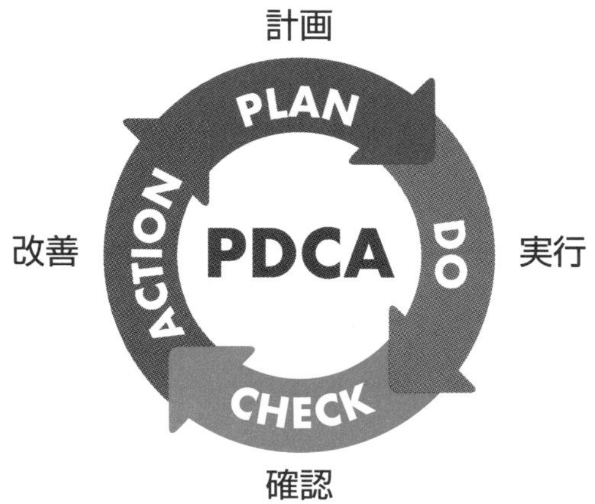

PDCAサイクルとは、Plan（計画）、Do（実行）、Check（確認）、Action（改善）の４つの行動の頭文字を取ったもので、上記のようにこの４つの工程を繰り返し行うことで、継続的な業務の改善が促され

ます。仕事の質が上がり、より高い成果が上げられるでしょう。チームでのマネジメントのみならず、ひとりの仕事でもこのPDCAサイクルを意識するかしないかで、結果は大きく変わってきます。日々、意識しておきたいものです。

④“ひと手間”かけて提出する

言われた仕事をしっかり行ったうえで、ワンランク上の成果を上げたいなら、もうひと手間かけましょう。資料作成なら「参考になりそうな資料も加えて渡す」「数字入力だけではなく、グラフまで作成する」といったことです。このように仕事にひと手間をプラスするだけで、後工程の人たちが助かります。また「どのような仕事も手を抜かない人だ」と信頼感が高まるでしょう。

⑤仕事には優先順位を付けよう

仕事は次から次へと折り重なるように増えていくものです。何を優

優先順位のイメージ図

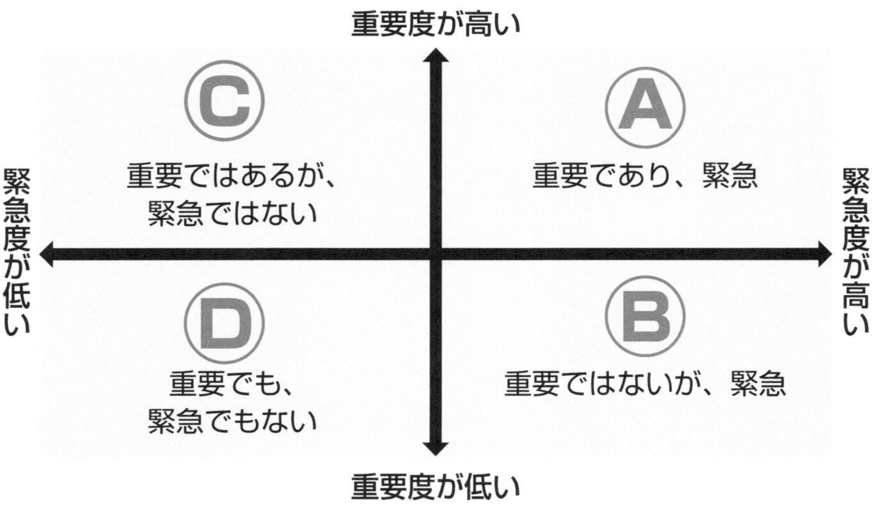

先すれば良いか考えずに行き当たりばったりで作業をしていると、仕事が回らなくなります。必ず「優先順位」を付けましょう。

よくあるのは“重要度”と“緊急度”で優先順位を付ける方法。「重要度が高く緊急度も高い仕事」は最も優先順位が高い仕事になります。

仕事を重要度と緊急度でそれぞれ、高いか低いかを判断し、図のようにA、B、C、Dに分類してみましょう。

A→BまたはC→Dの順に仕事を行います。Aは重要度も緊急度も高い仕事ですので、最も優先順位が高くなります。

BとCに分類した仕事の優先順位の付け方については、難しい判断が必要とされます。緊急度が高いからといって、Bに分類した仕事ばかりに追われてしまい、重要度が高いCに分類した仕事を後回しにしがちです。そうすることで、Cに分類した仕事の緊急度が高くなってしまうことがあります。Bに分類した仕事の例として、あまり急ぎではないメールの返信をするために残業してしまうといったことなどがあります。本当にその仕事は緊急なのか、今、行う必要があるのかを考えることが必要です。

また、より効率的な進め方はないかなど、よく検討して行うことが大切です。

1章
2章
3章
4章

マナー19

整理整頓

●デスクの整理は、仕事の成果につながる

会社のデスクでも、リモートワークに使う自宅のデスクでも、仕事で使うスペースはきれいに整えておきましょう。仕事のスピードが上がり、効率化を図れ、成果も上げられるでしょう。そして、ものを大切に使うことは、最も守りたいマナーのひとつです。

①整理整頓＝ものを探す手間がなくなる

デスクやその周りなど、仕事で使うスペースが整理されていると、作業性が高まります。その理由は「どこに何があるか」を探す手間がなくなるためです。机上に書類が散らかり、引き出しの中身も散らかっていると、必要なときに必要なものを見つけづらくなるばかりか、大切な書類を紛失しかねません。探しものに貴重な仕事時間を奪われることなく、業務を効率的に行えるように、整理整頓を心がけましょう。

②ものを使ったら、元の場所に戻す

文具や資料など、ものを使ったときは、使い終えた直後に必ず元の場所に戻しましょう。「あとでまとめて片付けよう」と考えると、たいていそのまま忘れてしまいます。また、いちいち「ハサミはここで、資料は本棚、この書類は……どこだっけ？」と記憶をたどるムダな作業も発生します。使う度に元の場所に戻せば、思い出す作業が省けます。そのためにも「ものは決めた場所に置いておく」と決めておきましょう。とくに共有の文具や資料は、同僚にも迷惑をかけることになりますから、使ったらすぐに元の場所に戻しましょう。

③「作業中書類入れ」を用意する

忙しいときにデスク上に書類があふれることを防ぐために、書類入れやボックスを１つ用意して、「作業中書類入れ」にすると良いでしょう。一時的に別の仕事をする必要が出てきたときや、ランチなどで中断するとき、あるいは日をまたいで同じ仕事をするときにも、一旦このボックスに入れておけば、作業を再開しやすくなります。

１日の仕事を終えるときは必ずデスクの上をきれいにすることを日課にしましょう。毎日きれいにしておくと「この状態を維持したい」という気持ちも働きます。

作業中、デスクに広げた書類は
就業後、「作業中書類入れ」へ。

すると中断時や就業後はデスクがきれいに。
書類もなくさず、作業再開もスムーズに。

④パソコンのデスクトップも整理整頓

パソコンのデスクトップも整理整頓しておく必要があります。パソコンに保存したデータを「あれはどこだったかな」と探すのはムダな作業です。

データはデスクトップ上に保存せず、フォルダーに管理しましょう。デスクトップに保存したデータのアイコンがバラバラと置いてあると、気が散るだけでメリットがありません。まずはデスクトップに不要なデータを保存したままになっていないかを確認し整理することから始めましょう。

デジタルデータの保存や管理に関しては「共有文書を個人のPCに保管しない」「個人情報をダウンロードしない」など、社内で情報セキュリティに関する規定があるので、それに従うようにしましょう。

⑤ファイル名は検索しやすく

データを保存する際、ファイル名は「検索しやすさ」を意識して付けましょう。「提案書」「見積書」のような曖昧なファイル名ではなく「20210231_商品Aご提案書」などと日付と内容をファイル名に入れておけば、ひと目でわかりやすく、検索もしやすくなります。メールで同僚や取引先に送るときなど、受け取る相手にとってもわかりやすくなります。保存するデータの種類によっては、ファイル名の付け方について、会社のルールや法律による規定がある場合がありますので、確認しておくと良いでしょう。

⑥フォルダーは階層を細かくし過ぎない

フォルダーは内容ごとや取引先、あるいはプロジェクトごとに階層分けしておくと便利です。ただし、あまりに階層を細かく分け過ぎると、整理する作業そのものに時間がかかり過ぎて、むしろムダな時間が増えます。プロジェクトにもよりますが、フォルダーの階層分けは多くても2～3階層に抑えましょう。

マナー20

アクシデント

●小さなミスでも、対処ひとつで、大きなトラブルに発展する

どれだけ気を付けたつもりでも、仕事にはミスやアクシデントが起きるものです。問題は起きたときの対処の仕方です。同じミスでもすぐに解決できる場合もあれば、対処を誤ることで、大きなトラブルに発展することもあります。ミスやアクシデントが起こったときの適切な対処法を知っておきましょう。

①ミスもアクシデントも、まずは「すぐに報告」

どのような仕事上のミスやアクシデントにも共通して重要なことは、できるだけ速やかに上司や先輩に報告することです。

とくにミスの場合、叱られたくないあまり、報告を遅らせたくなりますが、報告が早ければ早いほど上司も対処のしようがありますし、損害を最小限に食い止められる可能性があります。

本人にとっては深刻な事態に思えても、先輩ひとりで簡単に解決できるレベルのミスかもしれません。逆に、たいしたミスには思えないのに、実は多方面に影響を及ぼす大きなミスだと判断されるケースもあります。スピーディな解決策を探るためにも、速やかに、上司や先輩に報告をしましょう。

②同じミスを繰り返さない

誰でもミスをしますが、一度ならともかく、二度三度と同じミスを繰り返すのは社会人として避けたいところです。一度ミスをしたら、できるだけ繰り返さないようにしましょう。ただ単に反省するだけでなく、ミスを防ぐために、具体的にどのようなアクションを講じるかまで、落とし込むことが重要です。

③遅刻しそうだと思った時点で連絡する

出社や取引先とのアポイントに遅刻しそうになったときは、どのような理由であれ、すぐに上司や取引先に連絡しましょう。まだ出社時間やアポイントの時間になっていなくても、遅れる恐れがあるとわかった時点で、連絡しましょう。そうすれば、上司や取引先に無用な心配をかけずに済みます。

連絡は素早く確実に連絡できる手段を選びましょう。電話をして直接話すことが原則とされてきましたが、インターネットでの連絡手段が普及した今、相手や状況によっては、SMS（ショートメッセージサービス）やメッセンジャーツール、ビジネスチャットの方が良い場合もあります。

連絡した際には、できるだけ正確な到着見込み時間を伝えましょう。時間さえわかれば、取引先はあなたが来るまでの間に他の仕事を済ませることができるかもしれません。

④体調がすぐれないときは、すぐに会社にホウレンソウ

「発熱したぐらいで会社を休むなんて軟弱だ」「自分は熱ぐらいで休まない」。かつてあった悪しき風潮は、新型コロナウイルスの感染拡大をきっかけに見直されました。

発熱や悪寒などの体調不良時は会社に速やかに連絡します。そのうえで、会社に迷惑をかけないよう、早く回復するためにも休暇を取って体を休めましょう。

インフルエンザ、感染症など、傷病休暇に関しては会社のガイドラインがあるので、従いましょう。

⑤業務中の事故に「労災保険」

仕事の最中や通勤の途中に何らかの事故にあったら、会社に労災保険（労働者災害補償保険）の申請をしましょう。治療費が補填される可能性があります。補填されるかどうかは状況によって異なるので、まずは管轄する部署（総務部など）に相談しましょう。

Manners Column

社用車での事故は未然に防げる

社用車での事故は、乗り始めた頃よりも、乗り慣れてきたときに油断して起こるものです。慣れてきたときほど、以下に注意しましょう。

1．急いでいても乱暴な運転はしない

「法定速度を守る」「車線変更を頻繁にしない」「急ブレーキや急発進を避ける」などを心がけましょう。

2．前日はしっかりと睡眠を取る

どうしても眠くなったら、駐車して10分程度の仮眠を取りましょう。

3．こまめに休憩を取る

社用車での事故の防止策として、こまめに気分転換や休憩を取り入れることが推奨されています。例えば、車を止めて音楽を聴く、ガムを噛む、車の外に出て新鮮な空気を吸うなどです。適切なタイミングで休憩を取り、疲れを溜めないように心がけることが大切です。また、国土交通省および厚生労働省では、「自動車運転者の労働時間等の改善のための基準」が制定されています。

マナー21
クレーム対応

●避けて通れないクレーム対応。基本の考え方・対応は?

お客さまからのクレーム（苦情など）は、どんなに気を付けていても発生します。仕事をする以上、避けては通れません。問われるのは、クレームにどう対応するかです。クレームを受けたときの基本的な考え方と対応方法を頭に入れておきましょう。

①クレーム対応はファンをつくるチャンス

クレームというと、難癖を付けてくる悪質なクレーマーを思い浮かべるかもしれませんが、実はそういう人はほんの一部です。クレームを申し出るお客さまの多くは、時間と手間を使って、その会社のために苦言を呈してくださる方です。

きちんと対応すれば、「この会社は信頼できる」と常連のお客さま（ファン）になっていただける可能性もあります。チャンスととらえて対応しましょう。

クレームを申し出たお客さまが、あなたの担当のお客さまではない場合もありますが、それでも、「自分は会社の代表である」という意識で接することが大切です。

②クレームをいただいたら、まず上司に報告する

お客さまからクレームをいただいたときは、まず上司に報告し、どのように対応すべきか、判断を仰ぎましょう。ひとりで勝手に判断するのは禁物です。

③クレーム対応の基本プロセスは?

クレーム対応のプロセスは会社によっても異なりますので、会社の方針に従いましょう。参考までに、「２週間前に注文した商品が届かない」ケースで、対応プロセスの一例を説明します。

【1】お詫び

「まだ商品が届いていない」とクレームを受けたら、まず届いていないことに関して「お待たせして申し訳ございません」とお詫びをしましょう。「すみません」や「ごめんなさい」ではカジュアル過ぎて失礼になります。「申し訳ございません」「お詫びいたします」が適切です。

【2】お客さまの主張を聴く

商品が届いていない状況に関して、詳しく話を聴きましょう。聴き洩らすことがないよう、時系列で経緯を整理してメモを取ります。この時点で、そもそも発送に時間がかかると表示していたり、別の店で注文していたり、とお客さまの勘違いであることが判明する場合もあります。

【3】解決策・代替案を提示する

主張をうかがったら、不手際があったことを謝罪し、解決策や代替案を提案します。このケースでは「すぐに商品を再発送する」「返金する」などの対処が考えられるでしょう。複数の解決策がある場合は、お客さまの意向をうかがいつつ、上司や担当部署に相談して、速やかに対応しましょう。

解決するためには、なぜクレームが発生する事態が起きたのか、その原因を調べる必要があります。このケースでは、受発注システムのエラーや受け付け時の入力ミスの有無などを確認しましょう。自社の配送センターや宅配会社への確認が必要なこともあります。

④訪問して謝罪する場合は?

クレームの度合いにもよりますが、謝罪は電話やメールで済ませず、直接、お客さまを訪問して、お詫びをした方が良い場合もあります。その場合は、可能なら当日、遅くても翌日には出向きたいものです。

客先に出向くときに手土産を用意するかどうかは、会社によって異なりますので、上司の判断を仰ぎましょう。

⑤「責任者を連れてこい」と言われたら?

「お前じゃ話にならない。責任者を連れてこい」とクレームを申し出たお客さまによっては、上司や責任者による対応を希望されることもあります。

そのような場合には、上司に同行してもらいましょう。自分が粘ったところであまり意味がないからです。お客さまからうかがった内容はきちんとメモに取り、上司に申し送りをしましょう。

また、謝罪のために、お客さまのオフィスや自宅を、ひとりで訪問するのは失礼に当たるとして、上司や担当者が同行することもあります。

⑥不確実なことは言わない

クレームをいただいたときには、不確実なことを言わないことも大切です。

たとえば、「通販で購入した商品がまだ届かない」とお客さまから苦情をいただいたとしましょう。明日お届けできるという保証はできないのに、「明日、必ずお届けします！」などとお答えすると、さらに不手際を重ねることになりかねません。きちんと配送センターなどに確認したうえで、対応しましょう。

⑦「規則だからできません」はアリ？

もうひとつ、クレームをいただいたときに気を付けたいのは、「会社の規則だからできません」という言葉です。たとえば、「セール商品のサイズが合わなかったから返品させてほしい」と言われたとき、「セール商品は返品不可、と規則で決まっています」と言ってしまって良いでしょうか。確かに規則ではそのとおりではありますが、お客さまは雑に扱われたと感じます。

「ご事情がおありですので、返品をお受けすることができないか、確認して参ります」と上司の判断を仰ぎましょう。それだけでも、お客さまに与える心象は全く違います。

第3章 章末問題

問題11

スケジュール管理に関する考え方について、**不適当と思うもの**を**2つ**選びなさい。

1）仕事のスケジュールを立てるときは日程に余裕を持たせる。
2）仕事はどれも重要なので、優先順位を付けずに目に付いたものから取りかかる。
3）優先順位は緊急度をもとに判断する。
4）仕事の工程を細分化すると、時間を見積もりやすくなる。

解答11 **答えは2）と3）**

複数の仕事を抱えたら、仕事に優先順位を付けることも、スケジュール管理の基本です。どれを最優先すべきか、自分でわからなければ、上司に何を優先すべきか、判断を仰ぎます。優先順位を緊急度だけで判断していると、「緊急ではないが、重要な仕事」に取りかかることができません。「緊急度」に「重要度」も合わせて判断することが大切です。

問題12

マネジメント手法のひとつに、仮説・検証型のプロセスを循環させ、品質を向上させる方法があります。4つのプロセスを繰り返し行うことで、業務の継続的な改善が促される、ループ型のモデルを何というか。次の空欄に当てはまる語句を答えなさい。

[　　　　　] サイクル

解答12 **答えは　PDCA**

「Plan(計画)」「Do(実行)」「Check(確認)」「Action(改善)」の４つの行動の頭文字を取ったものです。計画を実行しただけでは、問題点は改善されません。どのような方法で実行したときに成功または失敗したのか、その結果を確認し、改善し続けることが大切です。４つのプロセスを何度も繰り返し行うことで、継続的な業務の改善が促されます。

問題13

会社の書類やデータ、机回りの整理整頓についての記述です。**不適当と思うもの**を**2つ**選びなさい。

1）必要なデータはすぐに開けるように、すべてパソコンのデスクトップ上に並べておく。
2）パソコンのデータは「提案書」「見積書」などシンプルなファイル名にしておく。
3）ものを使ったら、そのつど、元に置いてあった場所に戻す。
4）「作業中書類入れ」ボックスを作り、仕事を中断したり席を外したりするときなどに利用する。

解答13 **答えは1）と2）**

1）のようにパソコンのデスクトップにデータをたくさん並べると資料が探しにくく、作業もしづらくなります。データは内容や取引先ごとに階層分けしたフォルダーにまとめておくと見つけやすくなり、作業性の向上につながります。2）ファイル名はシンプル過ぎると後々、何のデータかわからず検索しづらくなります。「20221231_商品 A 提案書」などと日付と内容を付けておけば、ひと目でわかり、検索もしやすくなります。3）使う度に取り出した場所に戻せば、「どこにあったかな」と探す手間と時間が省けます。4）書類入れやボックスを1つ用意して「作業中書類入れ」にしておくと便利です。仕事を中断するときなどに、必要書類を保管できることでなくすリスクが減り、再開もしやすくなります。

問題14

上司に書類の発送を頼まれたのですが、住所を間違えてしまい、戻ってきてしまいました。そのときの対処法として、適当と思うものを1つ選びなさい。

1）忙しい上司の手間を増やさないために、相談せずに速やかに再送する。
2）自分以外に原因があるのではないかと調べる。
3）できるだけ早く上司に報告する。
4）発送先にすぐに連絡をして、対処策をたずねる。

解答14 **答えは3）**

小さなミスだからといって、報告しないでいると、大きなトラブルに発展することがあります。できるだけ早く上司に報告し、判断を仰ぎましょう。2）のように、他人に原因を求めていると、同じミスを繰り返すことになります。まずは自分に原因がないかどうか考えましょう。

問題15

「2週間前に注文した商品が届かない」というクレームを受けた場合、どのように対処すれば良いでしょうか。（ア）～（ウ）に当てはまる言葉として適当と思うものを1）～6）から選びなさい。

クレームを受けたら、まず謝罪をします。（ ア ）とお詫びをします。その上で、お客さまの主張を聴きます。そのときは（ イ ）ようにしましょう。その上で、原因究明をして、解決策や代替案を提示します。解決策が複数ある場合は、（　ウ　）、速やかに対応しましょう。

1）商品の到着が遅れておりまして、申し訳ございません
2）こちらのミスがあり、申し訳ございません
3）反論しないで、最後まで聴く
4）お客さまの勘違いがあったらすぐに指摘する
5）お客さまの意向に全面的に沿う形で
6）お客さまの意向をうかがいつつ、上司や担当部署に相談して

解答15 答えはア＝1）、イ＝3）、ウ＝6）

お詫びをするときは、2）のように「こちらのミス」と抽象的に言うのではなく、1）のように具体的なクレームの内容についてお詫びします。4）のように、勘違いを指摘すると、お客さまに不快感を与えるので、とにかく最後まで聴き切ります。解決策はお客さまの意向に全面的に沿うと、大きな損害になる可能性があるので、まずは上司や担当部署に相談しましょう。

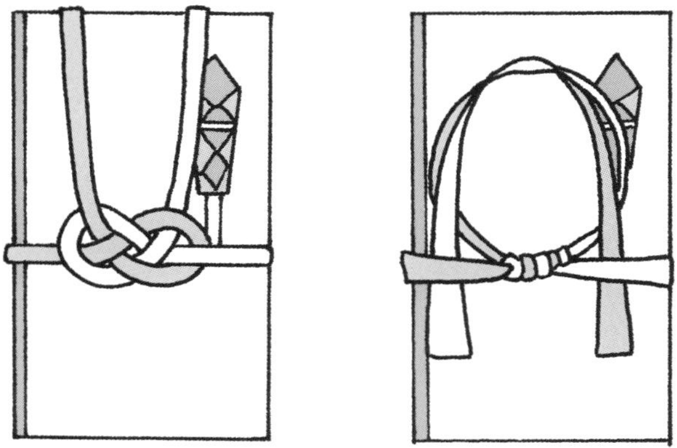

4章　大人として外せない、プラスアルファの知識とマナー

マナー22

組織

●職位や組織の役割を知る

業界によって、また会社によって部署名や役職名は違います。時代の変化と共に新しい役職、新しいセクション（部門）も次々と誕生しています。まずは、ざっくりと組織の役割分担を理解しましょう。

①セクションによる役割分担

たいていの組織にある代表的なセクションのひとつは営業セクションでしょう。営業と一口に言っても、新規のお客さまの開拓が中心だったり、お得意さまを訪問して商品の補充などをするルート営業が中心だったり、お客さまの代わりに営業をする営業代行だったり仕事の内容はさまざまです。また、セクションの中身も並列に複数のグループからなるグループ制の組織もあれば、部・課・係などに役割を分けるタテ割りの組織もあります。

また、株主や投資家に投資情報を提供するIR部門は独立した部としてある場合と、企業によって、広報部、財務部門、経営企画部門に含まれている場合があります。このように、企業の考え方が強く反映されるセクションもあります。

②CXO（シー・エックス・オー）とは何か

最近は、社長ではなくCEO、また、CTO、CFO、CIOなどの肩書を使うことが増えています。これは経営幹部の担当分野を表したものです。CはChief（責任者）で、OはOfficer（執行役）、この間に、担当する業務が入ります。E（Executive）を入れれば、CEO=Chief Executive Officerとなり、社長に当たる最高経営責任者を表します。

F（Financial）を入れれば最高財務責任者、T（Technical）を入れれば最高技術責任者といった具合です。このようなCとOで挟まれた役職をまとめて、CXOと呼びます。CXOは、社内外に対し、職務の責任をわかりやすく知らせることができます。

③役職でわかる仕事の範囲

社長、部長、課長といった役職の存在も、組織がうまく機能していくうえで欠かせません。役職は、それぞれの責任範囲を示しています。役職ごとに責任の範囲を決めることで、社長ばかりに判断が集中してしまうことを避けられます。

また、名刺に記載された役職を見れば、社外の人でも誰が上位なのか判断できます。

④良い組織であるための３つのポイント

野球でもサッカーでも、優秀な選手を集めたからといって、必ずしも強いチームにはなりません。それは会社も同様です。では、どうすれば強い組織になれるのでしょうか。

参考として、現代組織論・現代管理論・現代経営学の祖とも言われるアメリカの経営学者チェスター・バーナードの組織論をご紹介します。それによれば、強い組織は「共通目的」「貢献意欲」「コミュニケーション」の３つの要素を満たすと定義しています。たとえば、業界トップ、シェアNo.１など、会社組織に「共通の目的」があれば社員がひとつにまとまりやすくなるそうです。会社のために頑張りたいといった「貢献意欲」が高ければ、社員が一生懸命働くことにつながり、生産性が上がるでしょう。「コミュニケーション」が活発であれば、良い情報も悪い情報もスムーズに流れていくので、早い段階で対処できると言われています。

マナー23
ハラスメント

●多様な価値観を理解する

職場では、性別、国籍、世代などが異なるさまざまな人が働いています。価値観が異なることもあります。自分の価値観を押し付けることはハラスメントに該当するかもしれません。多様な価値観を理解する柔軟な感覚を養いましょう。

①ダイバーシティ（多様性）を理解しよう

ダイバーシティ（Diversity）は日本語で「多様性」と訳されます。具体的には、年齢、性別、人種、信仰、障がい、趣味嗜好などにとらわれず、さまざまな属性の人が集まった状態を指します。ビジネスにおいては、多様な人材に活躍してもらい、生産性や競争力を向上させることが経営戦略に必要なこととして認知されています。

②ハラスメントの種類は30種以上

ハラスメントとは「いやがらせ」や「迷惑行為」を意味します。

相手が不快と感じるかどうかが、ハラスメントに当たるかどうかの判断基準になります。人々の権利意識が強くなり、不快だと感じることにはNOと言える人が増え、さまざまなハラスメントを認識できるようになりました。

またダイバーシティの進展で、多様な価値観のぶつかり合いが生じるようになったこともハラスメントの種類の増加に拍車をかけています。セクシャルハラスメント、パワーハラスメント、マタニティハラスメントのように法律で禁じられているものの他に、カスタマーハラスメント、アカデミックハラスメント、アルコールハラスメント、カラオケハラスメントなど、その種類は30種類以上に上るとも言われています。

いずれにしても、他人に過剰な無理強いをしないこと、あらゆる人の尊厳を尊重することは、ビジネスのみならず社会生活における基本ルールです。

③セクシャルハラスメント（セクハラ）

最初に日本でクローズアップされたハラスメントはセクハラです。法制化されたのは1999年、「男女雇用機会均等法第11条」で、企業に対してセクハラの防止措置が義務付けられました。

セクハラは「職場において行われる労働者の意に反する性的な言動により就業環境が害されること」です。性的な行動とは、体を触ったり、性的な関係を迫るなどがそれに当たり、判断基準が明確なので、セクハラに該当するかどうかの判断は容易です。それに対して、性的な発言は「平均的な感じ方」が判断基準とされてはいますが、人によって受け止め方は異なるので、意図せずにセクハラをしてしまっているケースもあります。また、セクハラの対象は男性から女性だけではありません。女性から男性や、同性同士、LGBTQ（レズビアン・ゲイ・バイセクシャル・トランスジェンダー・クエスチョニング）の人に対しても性的な言動をすればセクハラに該当するようになりました。

そして、最近の国際社会では、「SOGI」（ソジ）という言葉が使われるようになってきています。性的指向（Sexual Orientation）と性自認（Gender Identity）の頭文字を取った略称ですが、この表現は、特定の性的指向や性自認の人のみを対象とするものではありません。性差別的言動などのハラスメントはSOGIハラ(ソジハラ、ソギハラ)といいます。

1章
2章
3章
4章

★このような言動がセクハラになることも

❶「髪型、変えました？ すてきですね」とほめる

❶「週末は彼女（彼氏）とデートしたの？」としつこく聞く

❶「(LGBTQの人に対して）今風の付き合いだね」と言う

❶「お疲れさん」と肩をたたく

④マタニティハラスメント（マタハラ）

マタハラは、妊娠や出産に関するハラスメントです。「男女雇用機会均等法」「育児・介護休業法」が制定されており、企業は、妊娠・出産・育児休業などに関するハラスメントについても防止措置を講じることが義務付けられました。

「こんな忙しい時期に？」「休んでばっかりで、いいですね」「男なのに育児休暇を取るんですか」などの発言が典型です。

妊娠・出産は心身共に大変な負担がかかるものです。ちょっとした無神経な発言によって、相手を大きく傷付けてしまうこともあります。同僚や先輩、あるいはその配偶者が妊娠したら、まずは、相手の健康を第一に気遣って接しましょう。

⑤パワーハラスメント（パワハラ）

パワーハラスメントは、2019年に、多様な働き方を推進する「労働施策総合推進法」の改正にともなって法制化されました。それが、いわゆるパワハラ防止法です。「優越的な関係を背景とした言動」「業務上必要かつ相当な範囲を超えている」「労働者の就業環境が害される」という3点を満たしたものがパワハラに該当します。

たとえば上司が、成績が上がらない営業社員への叱咤激励のつもりで、他の営業担当者の前で叱ったり、給料泥棒などと必要な範囲を超えて罵倒したり、あるいは退職を促すようなことを言えば、パワハラに該当する可能性は大きいでしょう。派遣社員やアルバイトに対して

差別的な扱いをすることもパワハラに該当します。
　また部下が上司に嫌がらせをする、いわゆる逆パワハラも、パワハラに当たるケースは少なくありません。

⑥カスタマーハラスメント（カスハラ）

　次に法制化されるだろうと言われているのがカスタマーハラスメント、いわゆるカスハラです。カスハラは、消費者や取引先などからの嫌がらせや理不尽な要求です。大声で脅したり、土下座を強要するなどは、その典型例です。
　もちろん、自分が取引先などに対して、強い態度に出たりすればカスハラだと見なされることもあります。誤解を受けないように、誰に対しても丁寧な対応を心がけましょう。

⑦ハラスメントを受けたときの相談窓口

　ハラスメントが起きたときに備えて、企業は相談体制を整えることが義務付けられています。大企業の場合は、ハラスメントが起きないための教育はもちろん、社内に相談窓口を設けたり、外部の相談窓口専門会社と提携したりしています。ハラスメントを受けたときはこうした相談窓口を躊躇なく利用しましょう。
　相談窓口が社内にない場合は、各都道府県の労働局の「総合労働相談コーナー」、日本司法支援センターの「法テラス」、法務局の「みんなの人権110番」など、公共の無料相談窓口が利用できます。「会社で相談したが取り合ってくれなかった」という場合も利用できます。

Manners Column

●企業に義務化されたストレスチェック

ハラスメントの種類の多さからもわかるように、現代はストレス社会です。ストレスによって、メンタルヘルスが不調になる人は増加の一途をたどっています。厚生労働省の調査によれば、精神障害などの労災保障の請求件数は2000年には212件だったのが、2005年には656件、2010年には1,181件、2015年には1,515件、2020年には2,051件と大幅に増加しています。

メンタルヘルスの不調を防ぐ最大のポイントは、早めに発見することです。そこで2015年に「労働安全衛生法」が改正され、50人以上の労働者がいる事業所においては、全従業員に対して毎年１回、質問票に回答するスタイルのストレスチェックをすることが義務付けられるようになりました。

マナー
24 会食・接待

●会食の狙いは「心理的な距離を縮める」こと

令和の時代に会食や接待なんて、と思われる方もいるかもしれませんが、案外これからも残っていきそうなビジネスの習慣です。一緒に食事をすることは人と人との心理的な距離を縮めることになるからです。コロナ禍以降、その機会が減ったのは確かですが、会食や接待のマナーは覚えておいて損はありません。

①店選びは相手に合わせて

段取り八分と言うように、いかに準備をしっかりしておくかが会食や接待の成功のカギとなります。日時、場所、店などを決めるときは「招く相手に合わせる」ことが原則です。日時は事前に相手の都合を聞いて、日にちを指定してもらってから確定します。会食の場所は相手の勤め先から遠過ぎず、お住まいへ帰りやすい場所を選ぶのがベターです。最も大切なのは店選びです。相手の好きな食べ物、苦手なもの、アレルギーの有無などを周囲の人、あるいは本人にリサーチして、「カニが苦手な人がいるのにカニ専門店を選ぶ」といったことがないよう、注意して予約しましょう。事前に一度店に出向いて、下見をしておけば万全です。

②カジュアルな会食でも気を配ること

カジュアルな接待・会食でも押さえておきたいマナーが席次です。ゲストの方、中でも最も役職が上の方が上座に座り、その両横に次に役職が上の方が座るのが原則です。上座は入り口から最も遠い席であることが基本なので覚えておきましょう（※マナー16を参照）。

次に「あいさつ」です。始めのあいさつ、乾杯のあいさつ、締めのあいさつ、と３度用意します。基本的には招いた側がするのが基本です。

また二次会を無理強いするのは論外ですが、ゲストの方が二次会を求めているようならば、迅速に移動できるように準備しておきましょう。予約を取らずとも何店か選んでおくと良いでしょう。

③お酌のルール

相手に飲み物を注ぐお酌には、昔ながらの慣習めいたマナーがあるので覚えておきたいところです。こうしたマナーにこだわる方もいます。間違っていると「大事にされていない」「マナーができていない」との評価を受けるかもしれません。基本さえ覚えておけば問題ありません。「瓶やとっくりは両手を使って注ぐ」「ビールやワインはラベルが上になるように注ぐ」「グラスに瓶の注ぎ口が当たらないように注ぐ」といったところです。また逆に、注がれるときは一度お礼を言ったうえで、グラスやお銚子を両手で持っていただきましょう。注ぎ終わったあとも、ひとことお礼を忘れずにします。

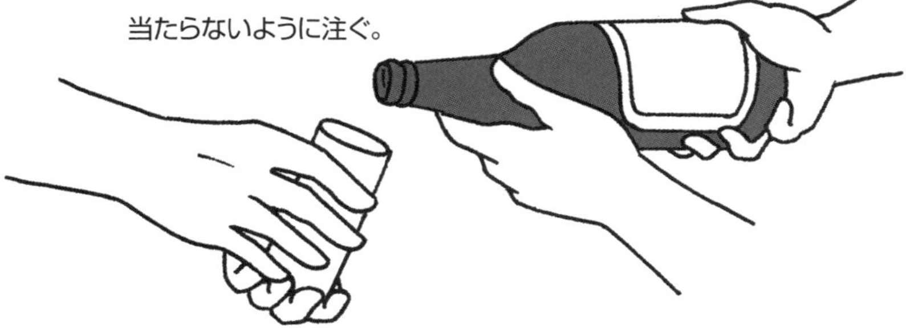
ビール瓶はラベルの向きが
上になるようにして両手で持つ。
グラスに瓶の注ぎ口が
当たらないように注ぐ。
お酌を受ける場合は、グラスは
両手でしっかりと持つ。

④立食パーティでのふるまい方・その1

記念式典や交流会など、身内とは違う方々が集う立食パーティ。このような場での出会いがビジネスにつながることがあります。まずは自分からアプローチをします。近くにいる人に「よろしければ名刺交換をさせていただけますか」と声をかけてみましょう。立食パーティで断られることはまずないので、安心です。いただいた名刺はしまわずに手持ちの名刺入れの上に置き、両手で持ちながらそのまま会話を進めましょう。相手の名刺の情報から仕事内容について聞くのが良いでしょう。打ち解けたらずっと話し込みたくなりますが、相手を独り占めするのは避けましょう。立食パーティは多彩な出会いの場であり、相手のその機会を奪うことにもなるからです。頃合いをみてお礼を言いながら、その場を去りましょう。

⑤立食パーティでのふるまい方・その2

立食パーティで避けたい所作がいくつかあります。まずは皿いっぱいに料理を取り、食べきれずにテーブル上に放っておくことです。立食パーティは、セルフサービス形式のため、思わず取り過ぎてしまうことがありますが、とても下品に見えます。適度に食べられる量だけを皿に取りましょう。飲み放題の場合、お酒の飲み過ぎにも注意が必要です。いつもより抑えるくらいの飲み方を意識しましょう。また、料理が置かれたテーブル付近や、出入り口付近に居座るのもマナー違反です。他の人のスピーチ中に食事するのも避けましょう。

⑥社外の席では、このような会話に注意！

会食や接待のみならず、同僚との食事会や飲み会などでも気を付けたい会話があります。企業秘密にかかわるような仕事の話です。「新製品の開発状況」「提携先の裏話」「財務の情報」など、ふとした雑談から出てくるこうした情報が、社外、とくに競合先などに伝われば重大な情報漏えいになります。あるいは同業他社と同席した会食で出たちょっとした会話から、価格や供給数量などの話になってしまい、のちに独占禁止法に触れることが判明し、損害賠償や懲戒解雇に、などということになりかねません。こうした仕事の話は避け、別の楽しい会話で盛り上がるようにしましょう。

⑦ご馳走になったときのマナー

接待される側、会食のゲストになったときに外せないマナーがお礼です。タイミングはご馳走になった直後にします。「支払いは結構ですよ」と言われたときでも「いえいえ、それはあまりにも」などと躊躇しながらも、適度なところで身を引いて「それではお言葉に甘えまして。ご馳走さまです」と気持ち良く伝えましょう。また翌日、直接会う相手ならば「昨晩はありがとうございました」とお礼を伝えましょう。会わない相手ならメールでお礼を伝えます。「お食事にお誘いくださっただけでなく、ご馳走までしていただきありがとうございました。あのカニ、とても美味しかったです」などと具体的な感想を書くとなお良いでしょう。

マナー 25

SNS

●一歩間違えると会社に大損害…。SNS 使用は慎重に

Instagram（インスタグラム）や X（エックス）などの SNS（ソーシャル・ネットワーキング・サービス）は、うまく使えば仕事のプラスになります。しかし、投稿の内容によっては会社に大損害を与えることもあります。ビジネスにおける SNS マナーを知っておきましょう。

※Xは旧Twitter（ツイッター）のことです。

①企業アカウントと個人アカウント

SNSの普及にともない、公式SNSアカウントを持つ企業が増えてきました。大手企業や中小企業、個人事業主にいたるまで、企業のイメージアップやファンの獲得、商品やサービスの認知拡大など、SNSをマーケティングに活用する動きが活発になっています。

こうした公式SNSアカウントは、投稿が与える影響を十分に考慮して慎重に運用されているものです。

一方で、個人アカウントは自由に利用してよいものとされていますが、自社の未発表の情報や非公開の情報、悪ふざけの写真や動画など、不用意な投稿が会社に大きな損害を与えることもあります。

投稿内容はフォロワーだけにとどまらず、ネット上に拡散するものです。個人アカウントであっても、企業の一員であることを忘れずに、十分に注意して利用しましょう。

②不用意な投稿で損害賠償を請求されることも……

SNSの長所は、自分の考えや見た光景を簡単に世の中に発信できることです。「たくさんの『いいね』をもらおう」「言いたいことを言ってスッキリしよう」と、深く考えずに思ったことを発信したくなります。しかし、仕事にかかわる内容の投稿によって、会社に大損害を与える可能性があります。

たとえば以下は、個人アカウントの投稿が会社に大きな損害を与えた実例です。

- **スポーツショップの店員が、来店したスポーツ選手とその同伴者をバカにする内容をエックスに投稿し、インターネット上で大炎上した。ブランド価値が損なわれ、店員は解雇になった。**

- **コンビニの店員が店に並んでいる食品の上に寝転んで遊んでいる写真をフェイスブックに投稿し、会社に苦情が殺到した。フランチャイズ契約が解除され、閉店に追い込まれた。**

顧客や取引先への誹謗中傷を書き込んだ場合は、名誉毀損で訴えられたり、損害賠償請求を受けたり、裁判沙汰へと発展することもありえます。またインターネット上で炎上した結果、自宅の住所や電話番号を特定され、何年も嫌がらせを受け続けている人もいます。不用意な投稿はやめましょう。

③SNSに関する就業規則をチェック

SNSの社内ルールを知るには、就業規則をチェックしましょう。最近はSNSに関するトラブルが散見されることから、就業規則にSNSに関するガイドラインを記載する会社が増えてきました。

「企業秘密に関する情報や職務上知り得た秘密や個人情報を含む情報、会社を代表する見解や意見と誤解され得る意見等の情報をSNSで発信してはいけない」「職員は、ソーシャルメディア利用に際し、会社のロゴを利用してはならない」など、さまざまな禁止事項が書かれていることがあるので、チェックしましょう。

④会社の機密事項を漏らさない

「良い会社なのでもっと皆に知ってほしい」と自分個人のSNSのアカウントで会社や自社商品、サービスの宣伝をする人もいます。仕事熱心で良いことですが、表に出してはいけないことをうっかり漏らしてはいけません。まだ発表前の新製品やプロジェクトの情報をつぶやけば、情報漏えいにつながり、刑事事件に発展することも考えられます。

また社内で撮影した画像を気軽にSNSに投稿したら、背景に社外秘の情報が写っていた…ということもありえます。社内での撮影を禁止し、撮影には総務部などの許可を得る必要がある会社もあるので、ルールを調べ、厳守しましょう。

⑤会社のブランドを傷付ける投稿をしない

就業規則に書かれていなくても、仕事に関するSNSでしてはいけないことはたくさんあります。「会社のブランドを傷付ける」投稿はそのひとつです。たとえば、お客さまの容姿や態度について悪く言う投稿をすると、「こんな従業員がいるのか」「こんな意識でビジネスをしているのか」と見られ、会社全体の評判が下がってしまいます。解雇されても文句は言えません。

⑥匿名アカウントでのグチ

仕事が大変だと、ついSNSでグチを言いたくなるかもしれません。しかし、たとえエックスの匿名アカウントや非公開アカウントでの投稿、あるいは友達限定での投稿であっても、避けましょう。

固有名詞を書かなくても、見る人が見れば、誰が投稿しているかわかることは少なくありません。また、うっかり友人限定にするのを忘れて、誰でも見られる形で投稿してしまうこともありえます。

⑦勤務時間内の投稿は慎む

SNSに夢中になると、暇さえあれば他の人の投稿をチェックしたり、投稿したくなります。しかし、勤務時間内にSNSをするのは仕事をサボっているのと同じですから、たとえ短時間でもしてはいけません。

⑧友達申請されたら承認するのがマナー？

会社の上司や同僚から、フェイスブックで友達申請をされたり、エックスアカウントをフォローされたりすることがあります。ただ、友達申請の承認やフォロー返しは必ずしもする必要はありません。SNSはあくまでプライベートで使うものとして、仕事では使わない、とするのは本人の自由です。

知らないふりをするよりは「申し訳ございません、プライベートでしか使っていないので……」と丁寧にお断りするのがスマートです。どうしても断れない場合は、エックスやインスタグラムで仕事用のアカウントをつくっておき、そちらでつながる方法もあります。

⑨こちらからのSNSの友達申請は？

同僚や取引先に対して、フェイスブックの友達申請をしたり、エックスやインスタグラムでフォローすること自体は、失礼なことではありません。最近は「SNSでつながるのも仕事の一環」と考える人も少なくないので、抵抗なく承諾してくれることもあります。

ただ、エックスやインスタグラムは気軽にフォローしてもらって良いと考える一方、フェイスブックは個人情報が書かれていることから、友達申請の承認に慎重な人も少なくありません。

友達申請をする場合は、「友達申請させていただきました。差し支えなければ承認よろしくお願いいたします」と本人であることを示すメッセージを添えた方が相手に不審がられずに済むでしょう。

マナー 26
冠婚葬祭 - 慶事

●大切な方々への敬意を示すために

結婚披露宴や通夜・告別式など、冠婚葬祭の行事には独特のマナーがあります。ビジネスパーソンとなると、親族や友人だけではなく、取引先などの冠婚葬祭に呼ばれることもあります。そつなく、無礼なく、敬意を示せる所作を頭に入れておきましょう。

①披露宴の「出席」を伝えるときは

同僚や取引先から結婚披露宴の招待状が届き、出席する場合、返信はがきの書き方に注意しましょう。

必ず先方の名前の下に書かれた「行」の文字を二重線で消して、左側に「様」と書きます。裏側のあなたの住所のところに書かれた「御住所」「御芳名」の「御」と「御芳」も同じく二重線で消して、自分の住所と名前を書きます。また「御欠席」の文字と「御出席」の「御」

招待状の書き方（出席の場合）

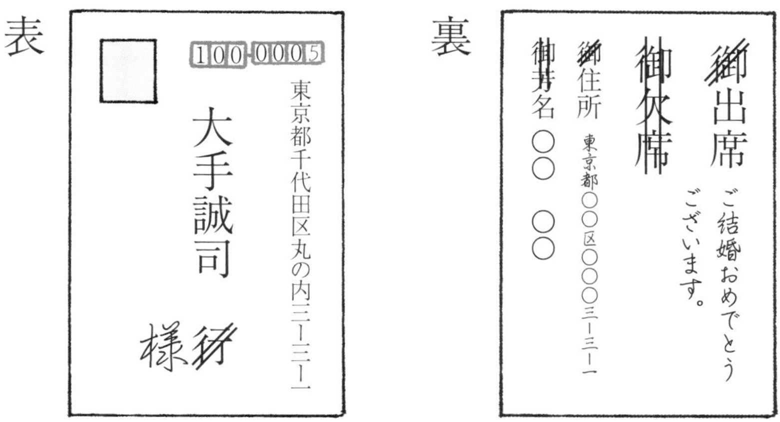

表
100-0005
東京都千代田区丸の内三ー三ー一
大手誠司
様 行
裏
御出席
御欠席
ご結婚おめでとうございます。
御住所 東京都〇〇区〇〇〇三ー三ー一
御芳名 〇〇 〇〇

を消します。そして「ご結婚おめでとうございます」などとひとことお祝いの言葉を添えましょう。

②披露宴の「欠席」を伝えるときは

欠席する場合は、返信はがきの「御出席」の文字と「御欠席」の「御」の文字を二重線で消して、「ご結婚おめでとうございます。出席できないこと、誠に残念です。末永くお幸せに」などと添えます。具体的な欠席理由は書かない方が賢明です。「そのような用事を優先したのか」と思わせてしまうからです。親しい間柄の場合は、むしろ、この返信とは別に、メールや電話などで「今回は申し訳ない！」などと、お詫びを伝えるのも良いでしょう。いずれにしても早めに出すことが、準備を進めている先方にとっても助かります。

招待状の書き方（欠席の場合）

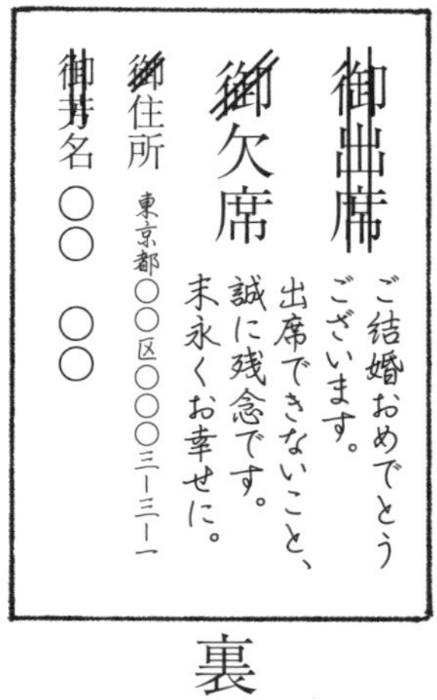

また、出席できない場合には、祝電を送るのも良いでしょう。

祝電は、披露宴会場宛に送ります。披露宴が午後であれば、午前中に着くように、午前であれば前日までに着くように送ります。

③「平服でお越しください」の意味とは？

通常、慶事で着用する男性の正礼装は、昼間ならモーニング、夜なら燕尾服やタキシードになりますが、「当日は平服でお越しください」などと披露宴の招待状に書かれている場合があります。平服の意味は平常の服＝普段着ですが、披露宴の場合は文字どおり受け取ってはいけません。披露宴に招待する側が「わざわざ正装でいらっしゃるほどの宴ではありませんので、平服で結構ですよ」という“謙遜”の意味から平服が使われているからです。この平服は、正装を略したインフォーマル（略礼装）を指しています。ポロシャツにチノパンで出向いたら、浮いてしまいます。華やかな宴に合う上品なフォーマル感のある服装を選びましょう。

慶事の服装

	男性	女性
午前および昼間	正礼装はモーニング。準礼装はディレクターズスーツ、またはブラックスーツを着用	アフタヌーンドレス（肌の露出の少ないもの）
午後（日没）や夜間	正礼装は燕尾服、またはタキシード	イブニングドレス
その他、略式の場合	グレーやネイビーなどのダークスーツ	スーツやワンピース、アンサンブル
ワイシャツ	白無地（長袖）のレギュラーカラーが基本	
ネクタイ	白の無地、シルバーグレー（黒色はNG）	
ベルト・アクセサリー	ベルト：黒無地でシンプルなデザインのもの シルバーのカフスボタン・ラペルピン、ネクタイピンの装着も可	アクセサリー：新婦より目立つもの、革やスウェード素材など動物殺生を連想させる素材、カジュアル過ぎる素材は避ける

つづく→

慶事の服装（つづき）

	男性	女性
靴下・ストッキング	靴下：黒の無地	ストッキング：派手過ぎるもの、分厚いタイツや、黒色は避ける。素足もNG
靴	黒の革靴。原則、紐で結ぶタイプのもの。エナメルやスウェード素材は避け、金具なしのシンプルなものが好ましい	つま先が隠れているパンプス。素材は、光沢のあるエナメルやシルクなど、ヒールは細く、低過ぎないものが好ましい
マスク	一般的な結婚式のマナーでは、ゲストが白いドレスを着用するのはNGとされているが、「白いマスク」に関しては問題ない。不織布マスクのカラーバリエーションも増えているので、服装にあったカラーマスクを着けるのも良い。その際は、目立ち過ぎない色を選ぶこと。黒色に関しては喪を連想させる可能性があるため、避けた方が良い	

④ご祝儀のルール

披露宴にはご祝儀（お祝い金）を持参します。金額は相手とのおつきあいの度合いや会場にもよるので一概には言えません。ただ取引先や同僚の場合、目安としては３万円程度が妥当でしょう。祝儀袋にはさまざまな種類がありますが、金額にふさわしいものを選びましょう。１万円程度を豪華な飾りが付いた高級和紙の祝儀袋に入れるのはふさわしくありません。１～３万円程度ならば、奉書紙（ほうしょし）に紅白、金銀の水引が結ばれているシンプルなデザインが良いでしょう。結婚祝いの場合、「のし」があり、水引が「結び切り」か「あわじ結び」に結んでいるものを選びます。

祝儀袋の表には上に「寿」や「御結婚御祝」、下に自分の「名前」を書きます。持参するときは「袱紗（ふくさ）」に入れ、受付で袱紗から出して、相手に名前が読めるように両手で渡します。

祝儀袋の基本デザインと各部の名称

ご祝儀を入れる「祝儀袋」の基本知識を紹介します。

祝儀袋の基本デザインは、「短冊」「水引」「のし」、それらが付いているものを「外包み」と言います。これに、ご祝儀を直接入れる袋である「中袋」があり、セットになって販売されています。

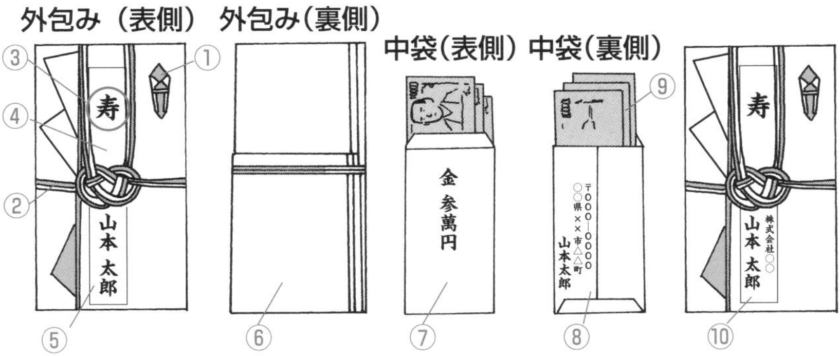

①のし、②水引、③名目、④短冊、⑤自分の名前

短冊には、「表書き」といって、名目と名前を記載する。結婚祝いの場合、名目は「寿」や「御結婚御祝」と書かれたものを選び、短冊の下部には自分の名前をフルネームで記入する。表書きは、毛筆や筆ペンを使うこと。

注意すべきことは、黒墨を使用し、くっきりはっきり記入すること。薄い墨の色は弔事に使用するものなので、「薄墨」の筆ペンや、「ボールペン」「万年筆」など線が細い筆記用具は避けましょう。

⑥外包みの裏側は、上側を折ってから下側を折り返し（下側が上になる)、水引を通す。逆（上の折り返し部分が上になる）は弔事の場合なので注意しましょう。
⑦中袋（表側）に金額を記入。必ず「金○萬圓（円でも可）」と書き、金額の数字は旧字表記にする。旧字についてはマナー27の冠婚葬祭－弔事に表があるのでそちらを参照。お祝い金は、縁起の良い数字にする。偶数は割り切れるので凶とされ、奇数が吉とされている。また、「4」と「9」は「死」と「苦」を表す数字なので、避けること。「8」は偶数で割り切れる数字であるが、「末広がりで縁起が良い」とされるため、許されることが多い。
⑧中袋（裏側）は住所、氏名を記入する。中袋への記入も毛筆、筆ペンが望ましいが、サインペンの黒の濃い文字も可。
⑨祝い事で包むお金は必ず新札を使用する。中袋へ入れる向きは、金額を書いた面（中袋表側）を正面として、お札の表（人物が描いてある方）が上にくるようにする。
⑩社名が入る場合は名前よりやや小さめに右側に書く。

水引について

祝儀袋の水引は、「結び切り」「あわじ（あわび）結び」「梅結び」のものを選びます。これらの結び方には「一度結んだらほどけない」という意味があります。一方、「花結び」または「ちょう結び」と呼ばれる水引は、結婚祝いにはふさわしくありません。理由は、簡単にほどけて何度でも結び直せるからです。また、一般的なお祝いには水引が5本結び、結婚祝いの際は、10本結びのものを選びます。水引の色は、「紅白」、もしくは「金銀」を選びましょう。

水引の例

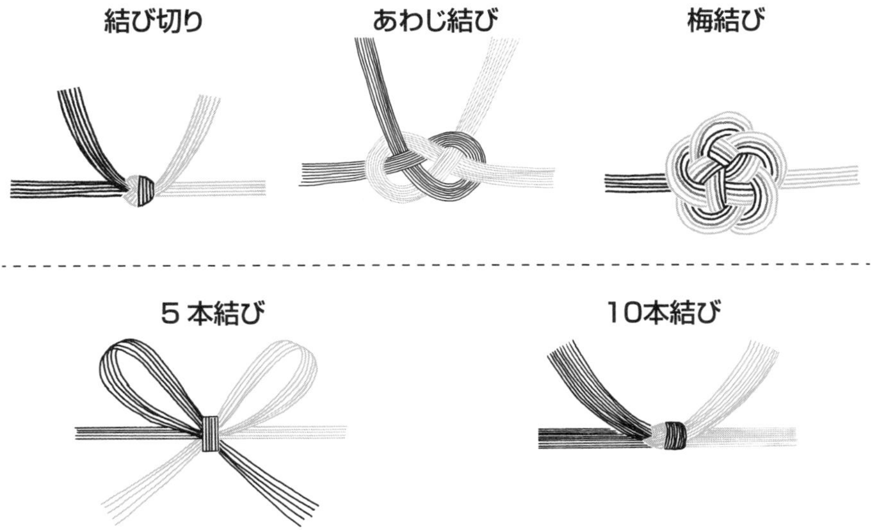

祝儀袋は袱紗（ふくさ）で包むのがマナー

祝儀袋をカバンやスーツのポケットからそのまま出したり、購入したときのセロハン袋ごと出したりして渡すのは､好ましくありません。袱紗を持っていない場合は、小さなふろしきやハンカチで代用しましょう。袱紗の色は暖色系の明るい色のものにしましょう。沈んだ色味のものは弔事用ですが、紫色はどちらにも使えるとされています。

受付でご祝儀を渡す際には

受付に着いたら「本日はおめでとうございます」とあいさつをします。袱紗からご祝儀を出し、袱紗を畳みます。畳んだ袱紗の上にご祝儀を置き、受付の方に向かって両手で渡します。そのとき、祝儀袋の文字を受付の方に向くように手渡しましょう。

マナー
27 冠婚葬祭 - 弔事

●弔事の知識とマナー

「弔事」とは、通夜・葬儀・告別式・火葬といったお悔やみごとを指します。
弔事に参列者として招かれる側の場合は、宗教によって儀式の形式も異なります。ここでは一般的な仏式を例として、押さえておきたいポイントについて解説します。

①通夜・葬儀・告別式

通夜とは、死者を葬る前に家族や親戚、友人、知人が集まり、ひつぎのそばで時間を過ごしたり供養したりすることを指します。亡くなった日か、葬儀の前日の夜（18 時～ 22 時の間の 1 ～ 3 時間程度）に行われます。参列者は焼香を行い、故人の遺族が通夜振るまいをして参列者をもてなすのが一般的です。慶事とは異なり、参列者は出欠を知らせる必要はありません。また、通夜振るまいはできるだけ参加するのが礼儀です。

葬儀とは、遺族や親戚、友人、知人が故人の冥福を祈り、死者を葬るための儀式です。葬儀は、宗教によって異なりますが、仏式の場合は僧侶による読経や遺族、親戚の焼香が行われます。葬儀は 1 ～ 2 時間で終了し、休憩の後、引き続き告別式が行われます。

告別式とは、故人との最期のお別れをする式典のことです。葬儀は（仏式の場合）僧侶が中心となって執り行う故人を弔う儀式であるのに対し、告別式は喪主が中心となって行われます。一般参列者の焼香から閉式までが告別式とされています。なお、一般的には、①通夜②葬儀、告別式③火葬の順に執り行われ、一般の参列者にとっての告別式は火葬場へ向けて出棺した段階で終了となります。

ただし、地域や状況によっては、この順序や方法が変わることがあります。例として、通夜→火葬→葬儀・告別式や火葬→通夜→葬儀・告別式となる場合があります。また、近年では、近親者だけで執り行われる家族葬や、お別れの会と称するものを執り行うなど、形式も様々に変化しています。確認しておくと良いでしょう。

②弔事のマナー

通夜や葬儀・告別式に参列する際の弔事のマナーを紹介します。

持ち物

通夜や葬儀・告別式へ参列する際には、服装だけでなく持ち物にも注意したいものです。主な持ち物は、ハンカチ、財布、袱紗（ふくさ）、数珠、香典です。注意が必要な持ち物は以下のとおりです。

- 袱紗（ふくさ）

 香典は袱紗に包むのが参列のマナーです。弔事用の袱紗は、紺やグレーなど地味な色が無難です。紫色なら、弔事・慶事両方で使用できるのでひとつ持っておくと便利です。

- 数珠（じゅず）

 数珠は通夜・葬儀・告別式の焼香の際に使う、複数の小さな球に糸を通した仏具です。

 仏教では数珠は個人への敬意を表すためとして使用されます。宗派によって数珠のデザインなどは異なるものの、自身の宗派と違う葬式に参列する場合でも自分の宗派の物を使えます。仏教徒でなければ持参する必要はないので、持参しなくても重大なマナー違反にはなりません。しかし、持参するのがマナーだと思っている方も多いので、宗教・宗派を問わない略式数珠を持って参列すると良いでしょう。

• 香典（こうでん）

香典は、種類も書き方も宗教によって異なる場合がありますので、基本的なマナーを確認しておきましょう。

香典の名称

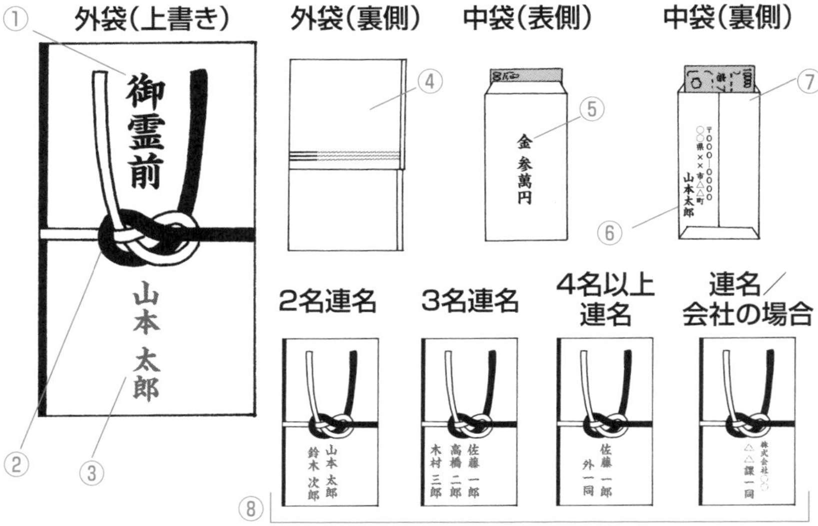

①表書き（上書き）は相手の宗教、宗派に合わせる。いくつか種類があるが「御霊前」の不祝儀袋が広く使われている。ただし、宗教・宗派によっては異なる場合あり。（右ページの上書きと水引の表を参照）。

②水引は、祝儀袋や不祝儀袋といった包み紙を結ぶ紙紐のことで、弔事は黒白、双銀、黄白などの偶数の本数。濃い色が右、薄い色が左になる。

③表書き下段は、香典を渡す人のフルネームの記入が一般的。水引の下の中央に書く。書くときのペンは、薄墨での記入がマナー。外袋の記入には薄墨の筆ペンや毛筆を使用する。中袋への記入は黒いサインペンでも問題なし。

④外袋は、下側を折ってから上側を重ねる。お祝いごとは上向き、弔事は下向きと覚えると良い。
⑤中袋の表には、金額を記入する。金額は旧字体の漢字で書く。(よく使用する旧字体は下記の表を参照)。
⑥中袋の裏には、郵便番号、住所と名前を記入。
⑦弔事のときは、新札を入れるのは避ける。手元に新札しかない場合は、一度折り目を付けてから袋へ入れる。お札の向きは、中袋を裏にして開けたときに、お札の表（人物が描いてある方）が上になるように入れる。上下は、人物が下にくるようにする。
⑧連名の場合。職場の同僚などと2名で出す場合は、目上の人が表書きの下（真ん中）に氏名を書き、その左にもう1名の氏名を書く。3名の場合も同様。4名以上は、「職場(団体名)一同」または「職場（団体名)、代表者名、外一同（他○名)」と書く。中袋は複数では書ききれないため、別紙（白い無地の便せん）に右から順に目上の人から目下の人の氏名と金額を書く。友人同士など、立場に上下がない場合は五十音順で書く。

香典の種類や水引の例（通夜・葬儀　初七日まで）

香典の種類	上書き（表書き）	水引
仏式	御霊前・御香典・御香料 御仏前（浄土真宗のみ）	結び切り
神式	御榊料、御玉串料、御霊前、御神前	結び切り
キリスト教式	御花料、御霊前（カトリックのみ）	なし
宗教がわからない場合	御霊前	結び切り

よく使用する旧字体の例

1	2	3	5	7	8	10	1000・千	10000・万	円
壱	弐	参	伍	七	八	拾	阡	萬	圓(円でも可)

金額を決めるときの注意点

香典の金額に「4」や「9」を使用するのはタブーとされています。割り切れるという言葉が「縁を切る」という意味を連想させるため、偶数を避けるのが一般的ですが、2000円、2万円は例外とされます。また、袋によっては金額の欄が設けられています。横書きの欄であれば、算用数字で書いても問題ありません。

③喪服（服装のマナー）

近年では、通夜と葬儀・告別式では服装を変えず、どちらも喪服を着用するのが一般的になってきました。もっとも、通夜に関しては突然訪れるものです。通夜のときはネクタイだけ黒を選び、喪服ではない普段のスーツなどの地味な服装で参列しても問題ありません。

弔事の服装

	男性	女性
①喪服	略式礼服である喪服（ブラックスーツ・ブラックフォーマル）が好ましい。生地は黒で光沢素材でないもの。上着はシングル・ダブルどちらでも問題ないが、パンツは裾がシングルのものを着用	略礼服である喪服(ブラックスーツ・ブラックフォーマル)が好ましい。パンツやワンピース・アンサンブルのスタイルが基本。露出の高いデザインは避ける
②ワイシャツ	白無地（長袖）のレギュラーカラー	
③ネクタイ	黒無地で、光沢素材でないもの。結ぶ際は、お悔やみの場でのマナーとしてくぼみ(ディンプル)をつくらないこと	

弔事の服装

	男性	女性
④ベルト・アクセサリー	ベルト：黒無地でシンプルなデザインのもの	アクセサリー：結婚指輪以外着けないのが正式。着ける場合は、真珠の一連のネックレスやイヤリング
⑤靴下・ストッキング	靴下：黒の無地、白や柄物は避ける	ストッキング：黒の薄手のストッキングが正式。30デニール以下が基本
⑥靴	黒の革靴。原則、紐で結ぶタイプのもの。エナメルやスエード素材は避け、金具なしのシンプルなものが好ましい	シンプルな黒のパンプスで、素材は布または革が好ましい。高いヒールのものやエナメル素材、素足の見えるミュールやサンダルはNG
⑦マスク	マスクの色については、黒色でも白色でも、どちらを着用しても問題はない。ただし、柄やロゴ入りのマスクや、派手な色のマスクでの参列は、控えること	

④お悔やみの言葉やあいさつ

お悔やみの言葉とは、故人を悼み、遺族の方々を思いやってかける言葉です。故人や遺族の方々に対して、失礼にならないようにお悔やみを伝えてください。また、遺族は多くの弔問客に対応せねばなりません。配慮を持って簡潔にお伝えすることが重要です。

お悔やみの言葉の例：

- この度はお悔やみ申し上げます。
- この度は誠にご愁傷さまです。心からお悔やみ申し上げます。

・この度は突然のことで言葉も見つかりません。心からお悔やみ申し上げます。

あいさつで気を付けること

お悔やみを伝える際に気を付けることは「忌み言葉を使わない」ことです。「重なる」「続く」「再び」など、不幸が続くことを連想させる言葉、「たびたび」「またまた」というような言葉を繰り返す「重ね言葉」は忌み言葉と言われているため、避けましょう。

また、病状や死因を聞くことは、ご遺族にとっては一番つらいときのことを思い出させてしまうことになりかねないので控えましょう。

なお、声のトーンは抑えて小さめの声であいさつするのが基本です。

⑤焼香（しょうこう）

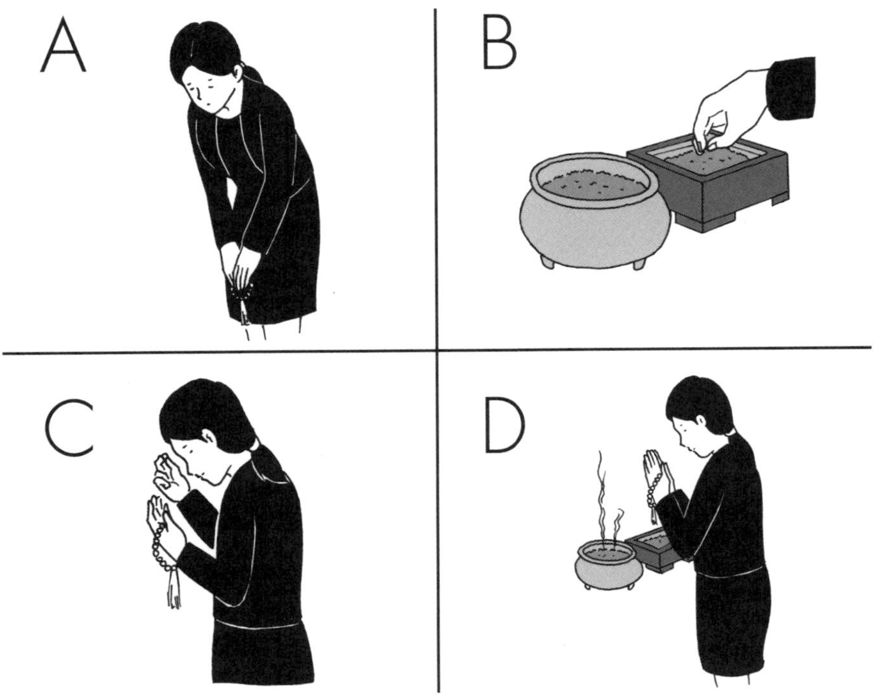

立礼焼香や座礼焼香、回し焼香などがあります。最近の葬儀や告別式は、葬儀場で行われることが多く、そのほとんどが立礼焼香となっています。（※宗教・宗派によって作法が異なる場合があります）

焼香の手順

1. 順番がきたら周囲の人に会釈して焼香台へ向かう
2. 焼香台の手前まで移動し、遺族（弔問客）に一礼する（イラスト A）
3. 焼香台へ進み、遺影に向かって一礼する
4. 香炉のそばに置いてある抹香（まっこう）を右手の親指、人差し指、中指の３本でつまむ（B）
5. 抹香をつまんだまま軽く頭をさげながら、右手を額の高さで掲げ、静かに香炉の中へ落とす。焼香回数は概ね１～３回（C）
6. 再度、遺影を仰いで合掌する（D）
7. 焼香台から一歩下がり、遺族に一礼する

焼香の回数は、宗派がわからない場合は、周りにならって行いましょう。参列者の多い葬儀の場合は、時間の調整から「1 回にしてください」と案内されることがありますので、その場合は 1 回だけご焼香します。

⑥参列できない場合　弔電を打つ

訃報を受けたものの、遠方に住んでいるなど事情があり、通夜や葬儀・告別式いずれにも参列できないことがわかったら、すぐに弔電の手配を始めましょう。葬儀・告別式までに届くように送るのがマナーです。届いた弔電は、葬儀・告別式の中で読み上げられるのが一般的です。弔電は、インターネット、電話から送ることができます。

第4章 章末問題

問題16

良い組織について、現代組織論・現代管理論・現代経営学の祖とも言われるチェスター・バーナードは3つの要素を満たすことが大切だと言っています。次の空欄に当てはまる語句を答えなさい。

チェスター・バーナードが提唱する良い組織であるための3つの要素

1　共通目的

2　貢献意欲

3　【　　　　】

解答16 **答えは　コミュニケーション**

「共通の目的」があれば社員がひとつにまとまり、「貢献意欲」が高ければ、社員が一生懸命働くので生産性が上がります。また、「コミュニケーション」が活発であれば、良いことも悪いことも早い段階で対処できます。このような要素を満たすのが良い組織です。

問題17

パワハラ（パワーハラスメント）に関する記述です。パワハラに**該当しないと思うもの**を1つ選びなさい。

1)一斉配信のはずのメールが、自分だけわざと送信されなかった。
2）同期のAさんが、「仕事が遅い！」と怒鳴ったり、自分のことを蹴るなどする。Aさんは重要顧客を任され、成績が良いため、誰も何も言わない。
3）病欠したことをきっかけに、上司から、業務量を2倍に増やすという嫌がらせが始まった。
4）漫画喫茶で毎日サボっていたことがばれ、ノルマを2倍に増やされた。

解答17 答えは4）

パワハラは上司から部下への嫌がらせのイメージが強いのですが、2）のように嫌がらせの相手が同期でも、立場上優位性がある場合はパワハラになります。一方、4）については、サボっていたことに対する一種の懲戒のため、パワハラには当たりません。

問題18

会食や接待、同僚との食事会などの席で、**不適当と思う話題**を、次の中から**2つ**選びなさい。

1）新製品の開発状況
2）提携先の裏話
3）プライベートの相談ごと
4）趣味の話

解答18 答えは1）と2）

ふとした雑談で出てくるこうした情報が、社外、とくに競合先などに伝われば重大な情報漏えいにつながります。あるいは同業他社と同席した会食で出たちょっとした会話から、価格や供給数量などの話になってしまい、のちに独占禁止法に触れることが判明し、損害賠償や懲戒解雇につながることになりえます。こうした仕事の話は避け、別の楽しい会話で盛り上がるようにしましょう。

問題19

自分のSNSで会社に関係することを投稿をするときに、適当と思うものを**2つ**選びなさい。

1）休憩時間中であれば、個人のアカウントでSNSをしても問題ない。
2）「このツイートは個人の見解であり、会社とは関係ありません」と載せれば、何を投稿しても、会社に迷惑がかかることはない。
3）自分の会社のロゴだとしても、気軽にSNS投稿に使ってはならない。
4）会社のためになることなら、とくに許可を得ずにSNSで投稿しても良い。

解答19 **答えは1）と3）**

2）のような文言を入れたとしても法的な効力はなく、問題発言を投稿すれば会社に迷惑がかかります。3）はブランドを毀損する可能性があるので、たとえ社員だとしても気軽に使ってはいけません。4）は「会社のためになる」と考えたことが必ずしもそうでないこともあるので、正しいとは言えません。こうしたSNSに関する社内ルールは就業規則に記載されていることがあるので、チェックしましょう。

問題20

披露宴の招待状に「当日は平服でお越しください」とありました。ここでいう「平服」に関する記述として、適当と思うものを1つ選びなさい。

1）最も自分らしい普段着
2）ポロシャツやシャツなどの襟があるきれいめのカジュアル
3）Tシャツやスウェットシャツなどのリラックスウェア
4）スーツやワンピースなど華やかであらたまった服装

解答20 答えは4）

本来の言葉の意味は「平常の服＝普段着」ですが、披露宴の場合は文字どおりに受け取ってはいけません。披露宴に招待する側が「わざわざ正装でいらっしゃるほどの宴ではありませんので、平服で結構ですよ」という“謙遜”の意味から「平服」の言葉が使われているのです。ポロシャツにチノパンで出向いたら、失礼になります。

Memo

Memo

Memo

公式テキスト　令和のマナー検定

2023年3月8日　初版　第1刷発行
2024年3月15日　第2版　第1刷発行

著　者　株式会社カデナクリエイト
発　行　株式会社オデッセイ コミュニケーションズ
〒100-0005　東京都千代田区丸の内3-3-1　新東京ビルB1
E-Mail：publish@odyssey-com.co.jp
印刷・製本　中央精版印刷株式会社
ブックデザイン　井上祥邦（yockdesign）
イラスト　榎本タイキ

 ISBN978-4-908327-16-2 C3034